Texte: Alberto Siliotti

Fotografien: Claudio Bertasini, Manfred Bortoli, Claudio Cangini, Fabio Casarotti, Francesco Chemello, Arnaud Chicurel, Federico Forletta, Alessandro Noro, Vincenzo Paolillo, Roberto Rinaldi, Alberto Siliotti, Stefano Zaffonato

Zeichnungen: Stefania Cossu, Giovanni Paulli, Stefano Trainito

Unterwasserpeilung: Alessandro Banfo, Stefania Cossu, Claudio Di Manao, Federico Forletta, Alberto Siliotti, Stefano Trainito, Elena Zaffonato

Editorische Gestaltung: Yvonne Marzoni Fecia di Cossato

Deutsche Übersetzung: Thomas Werner (*Scriptum*, Rom), Heike Bartsch

Printed in Egypt
ISBN 88-87177-70-8

Auf dem Foto: Eine der Treppen, die den Aufstieg zum bugseitigen Aufbaudeck der Thistlegorm erlaubten, ist heute von einem Tauchboot fortgerissen worden, das hier festgemacht hatte.

Inhalt

Das Heck der Thistlegorm

Das Bug der Rosalie Moller

Das 40mm-Maschinengewehr zur Luftabwehr auf dem Heck der Thistlegorm

Wracks im Roten Meer

Nach der Öffnung des Suezkanals gehörte die Carnatic *zu den ersten Opfern der Straße von Gubal*

Das Rote Meer war seit der Antike einer der wichtigsten Seewege für Waren, die aus Ostafrika und dem Fernen Osten in den Mittelmeerraum gelangen sollten. Sie wurden in Sues ausgeladen und von dort auf dem Landweg zur Mittelmeerküste gebracht. Die Anzahl der Schiffe, die das Rote Meer durchfuhren, stieg in jüngster Zeit mit dem Bau des Sueskanals, der im Jahre 1869 eröffnet wurde und der eine direkte Verbindung mit dem Mittelmeer auf dem Seeweg ermöglicht hat, bedeutend an. Seine Gewässer waren vor allem im nördlichen Teil der Straße von Gubal, die den langgestreckten Golf von Sues im Süden abschließt, nicht ungefährlich. Eine Unzahl von Inseln und von direkt unter der Meeresoberfläche gelegenen Korallenriffs, ein nahezu pausenloser Nordostwind, häufig mit Sturmböen, und das Fehlen von genauem Kartenwerk und von geeigneten Navigationssystemen, verursachten zahlreiche Schiffsbrüche, wie die extrem hohe Zahl von noch heute in diesem Meeresabschnitt zu findenden Wracks bezeugt. Im Zweiten Weltkrieg wurden die Gewässer des Roten Meeres noch unsicherer: Ursache war ein deutscher Flugstützpunkt auf Kreta, dessen Piloten unter anderem den Auftrag hatten, Feindtruppen, die versuchten das Mittelmeer zu erreichen, abzufangen und zu versenken. Genau dies geschah mit der *Thistlegorm* und der *Rosalie Moller*, den beiden wichtigsten Schiffwracks des nördlichen Roten Meers, von denen in diesem Buch die Rede sein soll.

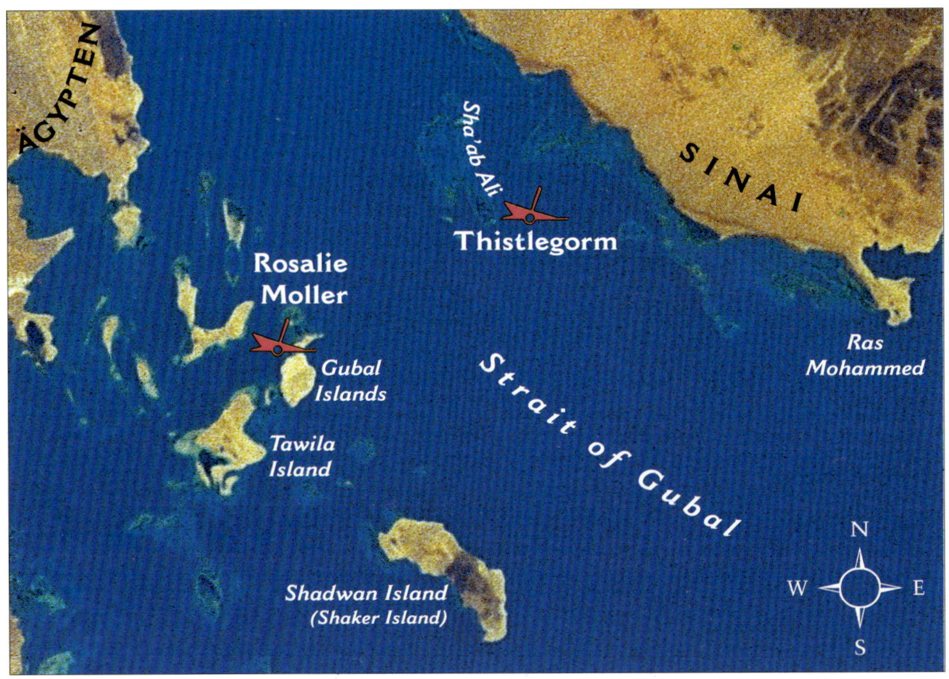

Satellitenaufnahme der Straße von Gubal

Straße von Gubal

Erkundung des Wracks

Das Oberdeck der *Thistlegorm* ist besonders beeindruckend.

Das Wrack der Thistlegorm

SS THISTLEGORM

Geschichte

Die Thistlebrae *der Schiffsgesellschaft* Albyn Line *war der* Thistlegorm *sehr ähnlich*

Die SS *Thistlegorm* (die Abkürzung SS steht für *Steam Ship* – Dampfschiff) war ein Frachtschiff der Gesellschaft *Albyn Line Ltd* und gehörte zu einer Serie von Schiffen, deren Namen alle aus dem gälischen Wort *thistle* (Distel) gebildet wurden. Die Distel ist die schottische Nationalblume und war gleichzeitig das Firmenzeichen der Gesellschaft. Insgesamt wurden achtzehn Schiffe der Serie "*Thistle…*" vom Stapel gelassen. An den Begriff "thistle" wurden Nachsilben gehängt, die den verschiedenen Distelarten entsprachen, so z.B. *Thisledhu*, schwarze Distel, *Thistleroy*, rote Distel und die berühmte *Thistlegorm*, blaue Distel. Die *Thistlegorm* hatte eine Wasserverdrängung von 4.898t, 9.009t Ladeverdrängung, war 126,5m lang und wurde von einem 3-Zylinder-Dampfmotor mit dreistufiger Expansion angetrieben. Dieser entwickelte eine Leistung von 1.850 PS und ermöglichte eine Höchstgeschwindigkeit von ca. 10,5 Knoten zu erreichen. Die *Thistlegorm*, die am 9. April 1940 auf der Werft von *Thompson & Sons* in Sunderland vom Stapel lief, bekam am Anfang des Zweiten Weltkriegs den Auftrag, Nachschub und Kriegsmaterialien für die englische Armee zu transportieren. Um sie von denkbaren Luftangriffen zu

DIE FAHRTEN DER *THISTLEGORM*

Im Jahr ihres Stapellaufs unternahm die Thistlegorm *drei Fahrten: die erste führte sie in die Vereinigten Staaten, wo sie mit Flugzeugen und einer Ladung Gleise bestückt wurde; auf der zweiten ging es nach Argentinien, wo sie eine Getreidepartie lud; auf der dritten fuhr sie die Antillen an, um Rum zu befördern.*

ALBYN LINE LTD

Die Schiffsgesellschaft Albyn Line Ltd *wurde am 21. Juni 1901 von William Allan unter dem Namen* Thistle Ship Co. Ltd *gegründet, aber bei der Eintragung erwies sich, daß es schon eine Gesellschaft dieses Namens gab. Also entschied man sich für* Albyn Line. *Albyn bedeutet soviel wie Morgengrauen und ist die gälische Bezeichnung Schottlands.*
Alle Schiffe der Albyn Line *trugen auf dem Schornstein ein Emblem mit Distel, dem Firmenzeichen der Gesellschaft. Die Albyn Line Ltd bestand bis zum 29. März 1966 und endete mit dem Verkauf ihrer letzen drei Schiffe, der* Thistledowne, *der* Thistledhu *und der* Thistleroy.

Die einzige noch heute erhaltene Fotografie der Thistlegorm *zeigt das Schiff beim Stapellauf in Sunderland (England) im April 1940*

verteidigen, wurde sie mit leichten Flugabwehrwaffen, einer 4,7Zoll- (119,4mm-) Kanone und einem 40mm-Maschinengewehr ausgerüstet.

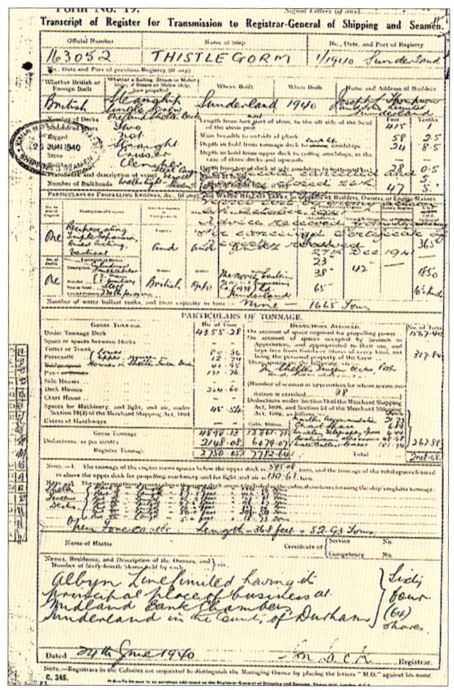
Transcript of Register for Transmission to Registrar-General of Shipping and Seamen.

163052 THISTLEGORM 1/1940 Sunderland

British ... Sunderland 1940

PARTICULARS OF TONNAGE

Albyn Line Limited having its principal place of business at Midland Bank Chambers Sunderland in the County of Durham — Sixty four (64) shares

Dated 24th June 1940

Die technischen Daten der Thistlegorm *im Schiffsregister*

Die Thistledhu, *ein weiteres der* Thistlegorm *sehr ähnliches Schiff, wurde 1965 von der* Albyn Line *verkauft*

Unternehmen Kreuzzug

Der *Thistlegorm* wurde eine Geheimmission anvertraut, die unter dem Code *Unternehmen Kreuzzug* lief und das Ziel hatte, die Achte Armee Englands (200.000 Mann) zu versorgen, die in Ägypten und der Cyrenaika (östliches Libyen) unter der Führung des Generals Bernard Montgomery ihren Stützpunkt hatte.
Libyen war schon 1912 von Italien besetzt worden und zu Beginn des Zweiten Weltkriegs war es zu einem bedeutenden Truppenstützpunkt der "Achsenmächte", wie man die deutsch-italienische Alleanz nannte, geworden. Ihre Truppen hatten den Auftrag, sich von Libyen aus nach Osten vorzuschieben, wo sie Alexandria und Sues erobern sollten. Im September 1940 war die Zehnte Armee Italiens weit vorgestoßen und provozierte somit eine erste britische Offensive (9.12.1940 – 7.2.1941).
Am 31. März startete jedoch die deutsch-italienische Gegenoffensive, in der die Truppen der Achsenmächte unter dem Kommando von Generalfeldmarschall Erwin Rommel die britischen Streitkräfte überrollten und erneut die Cyrenaica besetzten. Die Engländer beschlossen daraufhin unter dem Kommando des Generals Sir Claude John Auchinleck, eine zweite für November 1941 geplante Offensive zu starten. Dafür benötigten sie jedoch dringend Nachschub. Da die in Libyen stationierten Truppen der Achsenmächte den gesamten östlichen Mittelmeerraum kontrollierten, Ägypten dagegen fest in englischer Hand war, schien für den Transport von Kriegsmaterial und allem, was die englischen Truppen sonst benötigten, die sicherste Route nach Alexandria diejenige zu sein, die die Umschiffung Afrikas um das Kap der Guten Hoffnung und die Durchquerung des Roten Meers und des Sueskanals vorsah.
Auch wenn diese Route erheblich viel länger als die Direktzufahrt durchs Mittelmeer war, ermöglichte sie jedoch den englischen Schiffen, nahezu risikolos den Hafen Alexandrias zu erreichen. So entwarf Auchinleck das *Unternehmen Kreuzzug*: eine Flotte von immerhin 16 Schiffen, darunter die *Thistlegorm*, sollte Afrika umfahren, um den Truppen den zur neuen Offensive notwendigen Nachschub zu sichern.
Die deutsche Luftwaffe hatte jedoch unter dem Kommando des Generals Hans Seidemann ein Geschwader von nahezu 90 Flugzeugen auf ihren Stützpunkt auf Kreta verlegt, um die Schifffahrt auf dem Sueskanal und die Routen im Roten Meer zu kontrollieren: die *Thistlegorm* sowie die *Rosalie Moller* sollten zwei ihrer Opfer werden…

Erwin Rommel, Oberbefehlshaber der Truppen der Achsenmächte in Nordafrika

General Bernard Montgomery, Oberbefehlshaber der britischen Achten Armee

Das Wappen des
Kampfgeschwader KG 26

Die letzte Fahrt

Im Mai 1941 verließ die *Thistlegorm* mit 39 Mann Besatzung und unter dem Kommando des Kapitäns William Ellis den schottischen Hafen von Glasgow in Richtung Alexandria: ihre vierte Fahrt.

Das Schiff war mit einer vielfältigen Fracht bestückt: Panzerminen, Gewehre vom Typ *Lee Enfield MK III*, etwa hundert Motorräder (*BSA W-M20*, *Matchless G3L* und *Norton 16H*), Lastkraftwagen (*Bedford*, *Morris* und *Ford*), Gelände-LKWs, tragbare Feldgeneratoren, Flugzeug- und Auto-Ersatzteile, Reifen, Gummistiefel und Arznei. Darüberhinaus beförderte sie zwei leichte Panzer *Universal Carrier MK II*, zwei Dampflokomotiven *Stanier 8·F* mit Kohlentendern und zwei Wassertankwagen, die für die Wüstenregionen benötigt wurden.

Nach einem ersten Halt im südafrikanischen Kapstadt, wo es nötig war, Kohle zu bunkern und Wasser und Lebensmittel aufzufüllen, und einem weiteren im Hafen von Aden im südlichen Jemen, erhielt die *Thistlegorm*, die zu einer Flotte von 16 Schiffen, unter dem Geleitschutz des Kreuzers *HMS Carlisle*, gehörte, und die die Überquerung des Roten Meeres beinahe beendet hatte, den Befehl, in der Straße von Gubal zu ankern und die mögliche Durchquerung des Sueskanals, der zwischenzeitlich von einem Schiff blockiert wurde, das auf eine deutsche Mine aufgelaufen war, abzuwarten. So warf die *Thistlegorm* hinter dem großen Riff *Sha'ab Ali* Anker, an einer Stelle, die als sicher galt und mit dem Codenamen *Safe Anchorage F* ("Sicherer Ankerplatz F") bezeichnet wurde. Zwei deutsche Bomber des *Kampfgeschwaders KG26* vom Stützpunkt auf Kreta, die in der Nacht vom 5. Oktober ohne Erfolg die *Queen Mary* gesucht hatten, welche auf der gleichen Route eine Ladung australianischer Soldaten beförderte, sichteten rein zufällig auf dem Rückflug zum Stützpunkt die

Der Kapitän der Thistlegorm *William Ellis*

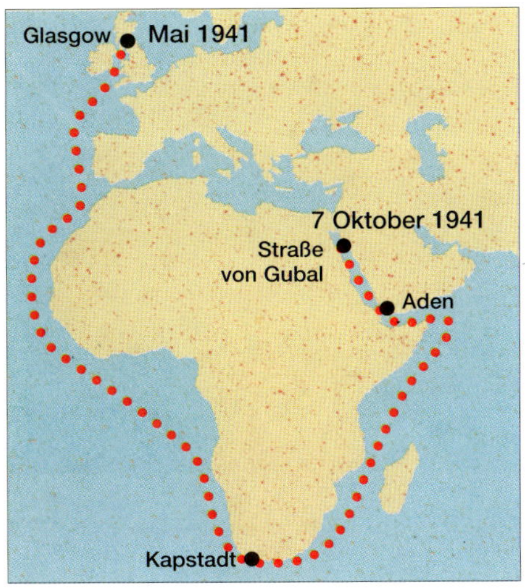

Die Route der Thistlegorm

Der Ankerplatz F bei Sha'ab Ali

Ein Motorrad vom Typ BSA W-M20, *das zur Ausrüstung der englischen Truppen in Nordafrika gehörte*

DIE FLUGZEUGE *HEINKEL HE 111*

Die Heinkel He 111*, nach ihrem Konstrukteur Ernst Heinkel benannt, waren während des Zweiten Weltkriegs die gebräuchlichsten schweren Bomber der deutschen Luftwaffe.*
1934 waren sie als Schnelltransportflugzeuge entstanden und es wurden von ihnen mit zahlreichen Detailveränderungen, über 7.300 Stück gebaut. Sie hatten eine Spannweite von 22,6m und zwei Propellermotoren mit einer Leistung von jeweils über 1.350 PS. Sie erreichten Geschwindigkeiten von über 400km/h, eine Dienstgipfelhöhe von 8.500m und hatten eine Reichweite von 2.060km.
Die Besatzung bestand aus fünf Personen, und sie waren mit sechs Maschinengewehren ausgestattet.
Darüberhinaus konnten sie 4t Bombenlast transportieren.
Die Heinkel He 111 *waren auch zur Bombardierung Englands mit den ersten Luft-Boden-Raketen benutzt worden.*

TECHNISCHE DATEN

Spannweite *22,6m*
Länge *16,4m*
Startgewicht *14t*
Triebwerke *2 Junkers Jumo 211 mit 12 Zylindern*
Leistung *2x1.350PS*
Höchstgeschwindigkeit *405km/h*
Dienstgipfelhöhe *8.500m*
Reichweite *2.060km*

Abflugbereite Heinkel He 111

Thistlegorm und griffen sie um 0:35h an. Der Angriff kam vollkommen überraschend und so hatte die Besatzung der *Thistlegorm* nicht die notwendige Zeit zur Verteidigung gefunden. Sie wurde auf der Höhe des Laderaums 4, in der Nähe des Maschinenraums und des Munitionsdepots von zwei Bomben mit je zwei Tonnen Sprengkraft getroffen.

Die Explosion war gewaltig, da durch sie auch der Heizkessel des Schiffs und ein Großteil der Munition an Bord explodierten. Die beiden Lokomotiven, die in der Nähe des Laderaums 4 auf dem Deck standen, wurden trotz ihres Gewichts von je 126 Tonnen in die Luft katapultiert und versanken ca. 30m vom Schiffsrumpf entfernt, wo sie sich noch heute befinden. Um 1:30h sank die in zwei Teile gerissene *Thistlegorm* in kürzester Zeit auf den flachen, sandigen, gerade 30m tiefen Grund.
Die Besatzung und

Das Cockpit des Bombers Heinkel He 111

Der Kreuzer HMS Carlisle

der Kapitän wurden von der in nächster Nähe befindlichen *HMS Carlisle* gerettet. Neun Männer, vier Seeleute und fünf Kanoniere starben jedoch beim Untergang.

Ein Heinkel He 111 *Bomber des* Kampfgeschwaders KG 26

Auf diesem vom Daily Mirror *veröffentlichten Foto sind einige Besatzungsmitglieder der* Thistlegorm *abgebildet: stehend rechts Bootsmann Graham; der Pfeil deutet auf Angus MacLeay*

DER HELD DER *THISTLEGORM*

Während des Angriffs wachte der Seemann Angus MacLeay in seiner Kajüte schlagartig auf und, ohne sich Zeit zum Anziehen zu nehmen, stürzte er aufs Deck: die Schiffsbrücke war längst in Flammen gehüllt und MacLeay war überzeugt, daß er sich nur durch einen Sprung ins Wasser würde retten können. "...Ich war schon dabei mich ins Wasser zu stürzen" - so erzählte er selbst in einem Artikel der Stornoway Gazette im Juli 1942 - "als ich mich umdrehte und einen Kanonier bemerkte, der ohnmächtig und schon von Flammen umhüllt auf dem Boden lag. Ich ging auf ihn zu, aber das Deck war voller Glassplitter, die sich mir in die Füße bohrten, sodaß ich gezwungen war anzuhalten und sie mir zu entfernen, bevor ich ihn vom Boden heben konnte. Ich lud ihn mir auf die Schultern und versuchte die Rettungsboote jenseits der Flammen zu erreichen..." MacLeay gelang es so seinen Kameraden zu retten, kam selbst mit einem 14-tägigen Aufenthalt im Krankenhaus davon, und es wurde ihm für sein heldenhaftes Verhalten von König George VI die George Medal *verliehen. Angus MacLeay zog sich in der Folgezeit in sein Geburtshaus auf den Hebriden in der Nähe von Stornoway zurück, wo er 1991 starb.*

Als die von Tauchern wiedergefundene *Thistlegorm* Thema von Artikeln, Büchern und Dokumentarfilmen wurde, übernahmen die Besatzungsmitglieder in der Rekonstruktion der Ereignisse eine bedeutende Rolle. So z.B. Glyn Owen ein Kanonier der *Royal Navy*, der an der Verwirklichung des Dokumentarfilms der *BBC The Last Voyage of the Thistlegorm* teilnahm. Henry Bansall, Maschinenoffizier, Ray Gibson, Funker, Dennis Gray und John Whitham: alle trugen sie mit ihren Erinnerungen und Zeugnissen dazu bei, die Geschichte der *Thistlegorm* nachzuerleben.

Die Entdeckung des Wracks

Der erste Tauchgang zur Thistlegorm wurde von Albert Falco und Frédéric Dumas unternommen, beide im März 1955 Teilnehmer einer Expedition der Calypso im Indischen Ozean

VOLUME CIX — NUMBER TWO

THE NATIONAL GEOGRAPHIC MAGAZINE

FEBRUARY, 1956

Exploring Davy Jones's Locker with *Calypso* 149
With 16 Illustrations, 5 in Natural Colors — CAPT. J.-Y. COUSTEAU, LUIS MARDEN

Camera Under the Sea 162
With 40 Illustrations, 30 in Natural Colors — LUIS MARDEN

Virgin Islands: Tropical Playland, U. S. A. 201
With Map and 25 Illustrations, 20 in Natural Colors — JOHN SCOFIELD, CHARLES ALLMON

The Making of a New Australia 233
With Map and 27 Illustrations, 22 in Natural Colors — HOWELL WALKER

An Exotic New Oriole Settles in Florida 261
With 4 Illustrations, 1 in Natural Colors — CHARLES M. BROOKFIELD and OLIVER GRISWOLD

Pescadores, Wind-swept Outposts of Formosa 265
With Map and 22 Illustrations, 18 in Natural Colors — HORACE BRISTOL, SR.

The International Geophysical Year 285
With 2 Maps and 13 Illustrations — HUGH L. DRYDEN

Seventy-two Pages of Illustrations in Color

PUBLISHED BY THE NATIONAL GEOGRAPHIC SOCIETY
WASHINGTON, D. C.

$7.00 A YEAR — 75¢ THE COPY

Die Februarausgabe (1956) des National Geographic Magazine *mit dem ersten Artikel über die* Thistlegorm

Auf einer über 15.000 Seemeilen langen Forschungsreise, die ihn letztendlich bis nach Madagaskar führen sollte, war es Kapitän Jacques-Yves Cousteau, der im März 1955 mit seinem berühmten Meeresforschungsschiff *Calypso* auf dem Weg zum Indischen Ozean das Wrack der *Thistlegorm* entdeckte.

Die beiden Spitzenleute seiner Equipe, Albert Falco und Frédéric Dumas tauchten mehrmals gemeinsam mit dem Kameramann Philippe Agostini zum Wrack hinab, und dokumentierten unter Benutzung einer der ersten Unterwasserkameras die Entdeckung.

Die wertvollen Aufnahmen wurden in dem von Cousteau produzierten Dokumentarfilm verwendet, der unter dem Titel *Le monde du silence* (1955, Regie: Louis Malle und Jacques-Yves Cousteau) berühmt wurde.

Die ersten Fotos des Wracks wurden in einem langen Artikel der amerikanischen Zeitschrift *National Geographic Magazine* im Februar 1956 veröffentlicht.

Das von Cousteau entdeckte Schiff war trotz der Explosion nahezu vollkommen erhalten, wie auch seine Ladung: die Entdeckung der Bordglocke, auf der Name des Schiffs eingraviert war, ermöglichte die zweifelsfreie Identifizierung des Wracks.

Albert Falco mit Kapitän Cousteau

ALBERT FALCO

Albert Falco, Taucherkommandant und später Kapitän der berühmten Calypso, *ist der letzte heute noch lebende Zeuge der 1955 stattgefundenen Expedition zum Indischen Ozean, bei der die* Thistlegorm *im Roten Meer entdeckt worden war. Falco war auch der erste menschliche "Bewohner" der Meerestiefen: 1962 wohnte er gemeinsam mit Claude Wesly acht Tage lang in einer Spezialbehausung unter Wasser. Heute lebt er in Marseille, wo er sich mit großem Einsatz zahlreichen Aktivitäten zur Erhaltung der Unterwasserwelt widmet.*

Die Bordglocke, auf der der Name des Schiffs eingraviert ist: es ist unbekannt, wo sich dieses wertvolle Fundstück aktuell befindet. Es wurde einige Jahre nach der Entdeckung des Wracks entwendet

DER ERSTE TAUCHGANG AM 17. MÄRZ 1955

In den ersten Morgenstunden tastete sich die Calypso *mit langsamem Zickzackkurs voran. Nach etwa zwei Stunden wurde unsere Suche dank eines Echolots von Erfolg gekrönt: eine halbe Stunde später hatte ich das große Glück, meinen Taucherkommandanten* (Dumas) *auf dem ersten Tauchgang zum Wrack begleiten zu dürfen. Die Ausrichtung seiner beiden Maste diente uns als Wegweiser ins Unbekannte.*
Wir wurden von Dutzenden kleiner, neugieriger Fische begleitet. Nur wenige Flossenschläge waren notwendig, um die beeindruckende Kommandobrücke zu erreichen. Eine junge Schildkröte, die auf der Ankerwinde lag, erhob sich plötzlich und lud uns geradezu ein, den Kiel und die schwere Kette, die aus dem rechten Ankerloch hing zu überschwimmen. Dort hielt sich ein wunderschöner Kaiserfisch, blau mit gelben Flecken, versteckt. Wir entdeckten die bronzene Bordglocke, auf der Dumas später, nachdem er sie mit einem Messer von dort ansässig gewordenen Weichkorallen und einer Auster befreit hatte, den Namen des Schiffes las. Neben dem Laderaum 1 sehen wir mit Austern und leuchtendbunten Weichkorallen tapezierte Eisenbahnwagen. Wir lassen uns ins Innere gleiten und tauchen so von einer Überraschung zur anderen. In den Tiefen des Frachters finden wir eine unglaubliche Ladung an Kriegsmaterial: dutzende BSA *und* Norton *Motorräder, die in Reih und Glied auf LKWs stehen, dazwischen Geländelastwagen* (Morris Commercial) *und Munitionskisten. Weiter finden wir Raupenketten von kleinen Panzerfahrzeugen, zahlreiche Reifen, großkalibrige Haubitzen, von Uniformen und Stiefeln ganz zu schweigen. Vor dem Laufsteg der Kommandobrücke steigen wir wieder auf und entdecken in seinem guterhaltenen Inneren den Kompass und die tragbare, doppelgriffige Richtantenne des Funkpeilers. Bei unserem Erscheinen fliehen ein dutzend dicklippige Barsche über die zerrissenen Eisenteile. Im Blau über uns ist ein Schwarm Schnapper auf der Jagd. Das Chaos, das uns umgibt lässt mich an einen Torpedo- oder Bombeneinschlag denken, der eine Explosion der Bordmunition und damit das tragische Ende dieses Frachters verursacht haben muss.*
Während wir auf unserem Tauchgang das Heck des Schiffes untersuchen, auf dem eine Flugabwehrkanone nun für immer auf den Meeresgrund gerichtet ist, sehen wir einen riesigen Napoleon-Lippfisch. In fünfzig Jahren Taucherfahrung rings um die Welt habe ich nie wieder einen dieser Ausmaße angetroffen: wir schätzten ihn auf mindetens anderthalb Meter Höhe und drei Meter Länge!
Die Calypso *musste aber weiter auf ihrer Fahrt in den Indischen Ozean, auf der in drei Monaten etwa drei Viertel der Aufnahmen für den Film "Die Welt der Stille" gemacht wurden: erst vom 12.-14. Juni 1955 ging sie wieder bei der* Thistlegorm *vor Anker.*
Diesesmal tauchte die ganze Equipe dreimal täglich hinab, um die wohl schönsten Szenen dieses ersten wichtigen Unterwasserfilms zu drehen. Er gewann 1956 die Goldene Palme *in Cannes und wurde weltbekannt...*
Was mich betrifft, hatte ich das Glück 41 Jahre später nocheinmal zum Wrack tauchen zu können... Mit dem Fotoapparat in der Hand und genauso aufgeregt machte ich den gleichen Weg wie damals vom Kiel bis zum Heck. Es war schmerzlich, auf diesem fantastischen Unterwasserdenkmal die zerstörerische Wirkung der menschlichen Besuche zu sehen. Die Maste sind leider umgefallen, der obere Steg ist versunken und sämtliche Navigationsgeräte sind verschwunden. Austern gibt es keine mehr und auch die Weichkorallen sind viel weniger, auch wenn die Fische noch zahlreich vorhanden sind. Schon immer waren Korallen und Fische in einer Symbiose vereint, in der sie sich für die Schönheit, das Gleichgewicht und den Erhalt der Unterwasserwelt vermehrten: Wallfahrtsorte, die uns zum Träumen veranlassen. Die Thistlegorm *gehört dazu, denn Flora und Fauna haben sie akzeptiert. Es ist die Aufgabe von uns Tauchern sie heute für die zukünftigen Generationen zu beschützen...*

Wiederentdeckung

Die *Thistlegorm* geriet danach fast zwanzig Jahre in Vergessenheit, bis sie 1974 von einem israelischen Taucher namens Shimshon Machiah, der sich von einem Beduinen aus El-Tor an die Stelle führen ließ, wiederentdeckt wurde.
Die Wiederentdeckung wurde geheim gehalten und das Wrack blieb in den darauf folgenden Jahren nur einem engen Kreis von einheimischen Tauchern zugänglich.
Im Mai 1992 begann Roger Winter, ein einheimischer Skipper aus Hurghada, die ersten Taucher zu dem Wrack zu führen und im November desselben Jahres wurde die *Thistlegorm* aufgrund eines Artikels von zwei bekannten Tauchern, Alessandro Carletti und Settimio Cipriani in der italienischen Zeitschrift *Aqua* der breiten Öffentlichkeit bekannt gegeben, welcher von einem Artikel von John Bantin in der britischen Zeitschrift *Diver* gefolgt wurde. Im darauf folgenden Jahr produzierte Caroline Hawkins für die *BBC* den ersten Dokumentarfilm über das Wrack. Erst dieser Film, *Die letzte Fahrt der Thistlegorm* ermöglichte einem großen Publikum, dieses außergewöhnliche Wrack kennen zu lernen. Es wird als das schönste und interessanteste Wrack des Roten Meeres betrachtet, ein wirkliches "Unterwassermuseum des Zweiten Weltkriegs", das in kürzester Zeit eines der liebsten Ziele für Taucher aus der ganzen Welt wurde.

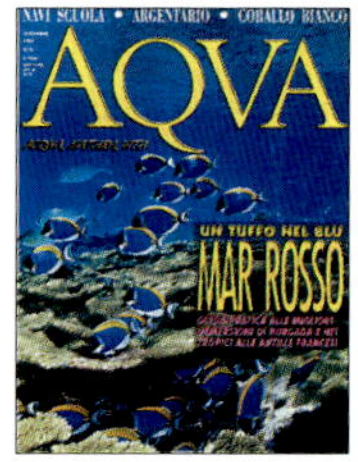

Chronologische Übersicht der *Thistlegorm*

1940	... Stapellauf der *Thistlegorm* in Sunderland (England)
1941 6 Oktober	... 2 deutsche Bomber (*Heinkel He 111*) mit Stützpunkt auf Kreta versenken die hinter dem Riff *Sha'ab Ali* geankerte *Thistlegorm*
1955	... Kapitän Cousteau und seine Equipe entdecken das Wrack der *Thistlegorm*
1956	... Artikel im *National Geographic Magazine* (Februar-Heft)
1957	... das Wrack gerät in Vergessenheit...
1974	... die Wiederentdeckung der *Thistlegorm*
1992	... die *Thistlegorm* wird offiziell von Sporttauchern wiederentdeckt. ... die italienische Zeitschrift *Aqua* veröffentlicht den ersten Artikel über das Wrack
1993	... die Zeitschrift *Diver* veröffentlicht einen Artikel über die *Thistlegorm*
1994	... die *BBC* dreht den ersten bedeutenden Film über das Wrack

Ein Taucher dringt mit der unerlässlichen Taschenlampe in die Laderäume der Thistlegorm *ein*

Besuch des Wracks

Die Taucher halten sich für den Sicherheitsstop vor dem Einstieg zurück auf das Tauchboot am Seil fest, um nicht von der Strömung fortgerissen zu werden, die hier mitunter sehr stark sein kann

Die *Thistlegorm* liegt 38 Meilen vom Hafen von Hurghada und 31 Meilen vom Hafen von El-Gouna und dem von Sharm el-Sheikh entfernt. Die Erkundung des Wracks wird normalerweise in zwei Abschnitten unternommen: nach der jeweiligen Vertäuung des Bootes am Schiffsheck bzw. am Bug. Dieses häufig schwierige Unternehmen ist Aufgabe des Reiseleiters. Der erste Tauchgang, am Vormittag, dient einer generellen Besichtigung des von Nord-West nach Süd-Ost orientierten Wracks. Oft ist die Sichtweite leider auf etwa 20-30m begrenzt und es gibt manchmal durchaus starke Strömungen vom Bug zum Heck.
Es ist daher notwendig, entlang des Seils zu tauchen, mit dem das Boot mit dem Wrack vertäut ist. Im Laufe der Jahre haben zahlreiche inkompetente, leichtsinnige Reiseleiter die Taue ihrer Boote nicht an festen und für die starken Zugkräfte geeigneten Schiffsteilen, wie etwa Poller, Spillen oder der Antriebswelle befestigt, sondern sie an zerbrechlichen oder beweglichen Teilen, wie Treppenaufstiege, Hebeböcke, Handläufe u.ä., festgebunden und damit erhebliche Schäden verursacht.

Der Tauchgang erfolgt längs eines Taus

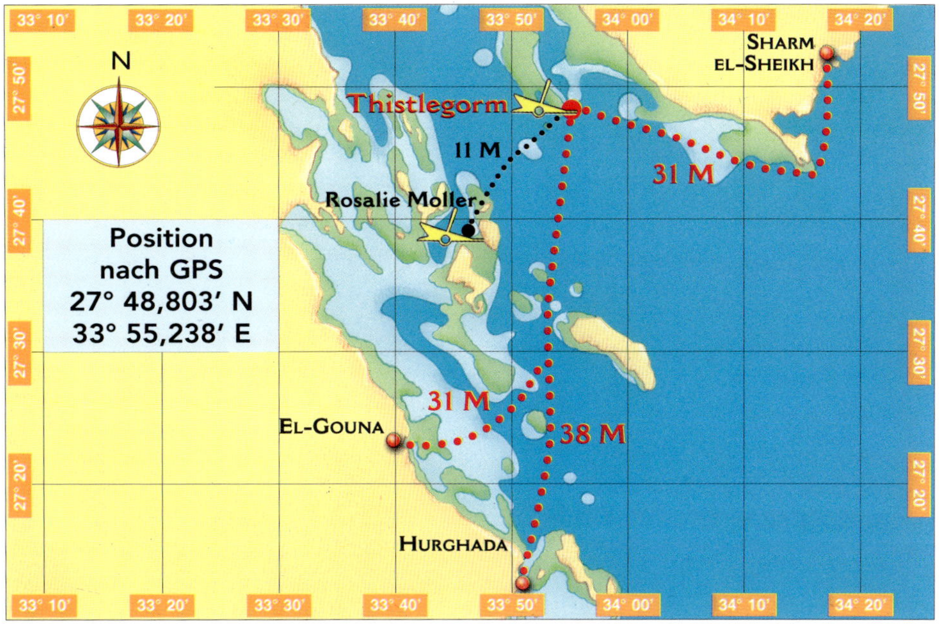

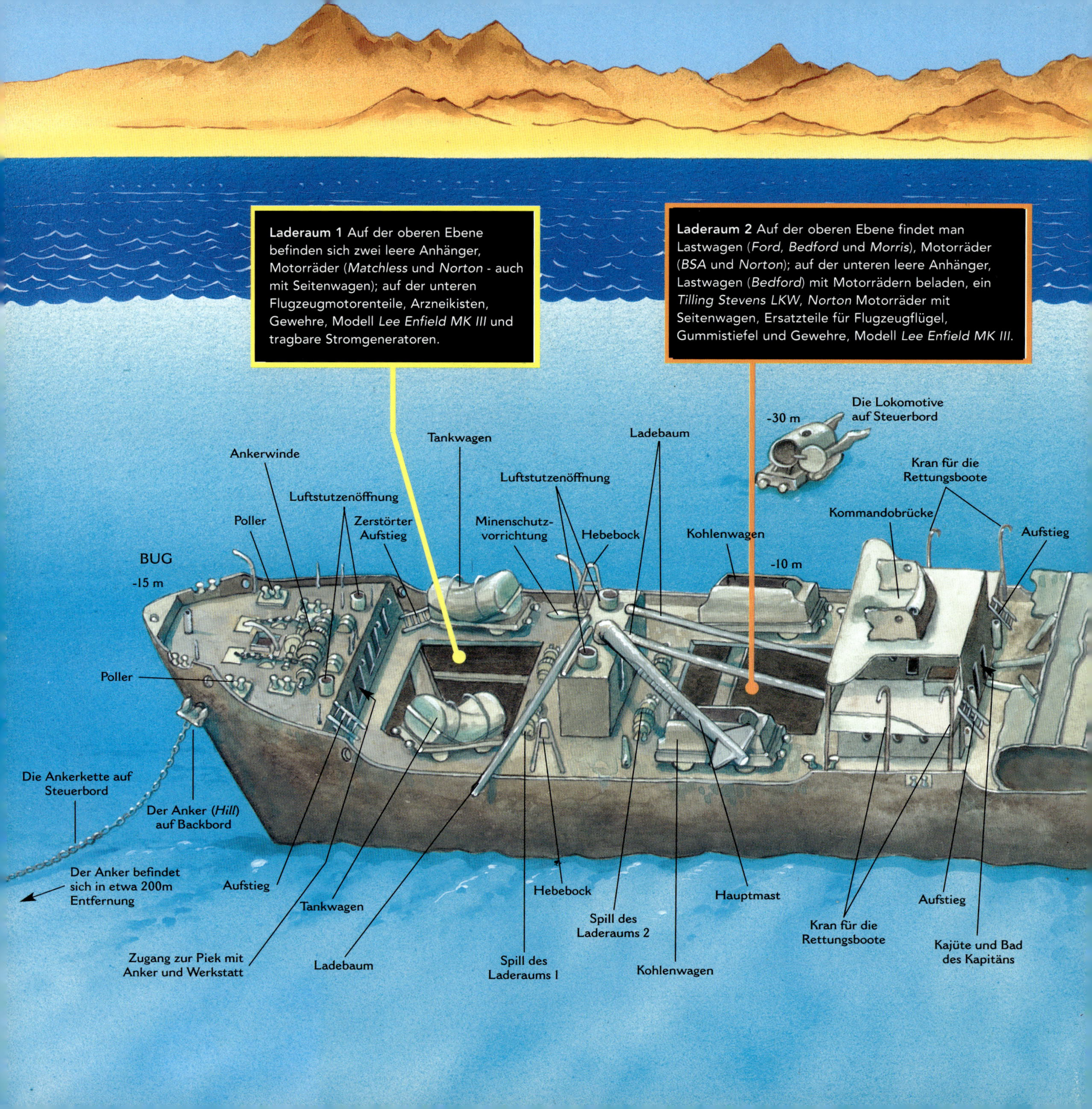

Laderaum 1 Auf der oberen Ebene befinden sich zwei leere Anhänger, Motorräder (*Matchless* und *Norton* - auch mit Seitenwagen); auf der unteren Flugzeugmotorenteile, Arzneikisten, Gewehre, Modell *Lee Enfield MK III* und tragbare Stromgeneratoren.
Laderaum 2 Auf der oberen Ebene findet man Lastwagen (*Ford*, *Bedford* und *Morris*), Motorräder (*BSA* und *Norton*); auf der unteren leere Anhänger, Lastwagen (*Bedford*) mit Motorrädern beladen, ein *Tilling Stevens LKW*, *Norton* Motorräder mit Seitenwagen, Ersatzteile für Flugzeugflügel, Gummistiefel und Gewehre, Modell *Lee Enfield MK III*.
-30 m
Die Lokomotive auf Steuerbord
Tankwagen
Ladebaum
Ankerwinde
Luftstutzenöffnung
Kran für die Rettungsboote
Luftstutzenöffnung
Poller
Zerstörter Aufstieg
Minenschutz-vorrichtung
Hebebock
Kommandobrücke
Aufstieg
Kohlenwagen
BUG
-15 m
-10 m
Poller
Die Ankerkette auf Steuerbord
Der Anker (*Hill*) auf Backbord
Der Anker befindet sich in etwa 200m Entfernung
Aufstieg
Tankwagen
Hebebock
Hauptmast
Aufstieg
Spill des Laderaums 2
Kran für die Rettungsboote
Kajüte und Bad des Kapitäns
Zugang zur Piek mit Anker und Werkstatt
Ladebaum
Spill des Laderaums 1
Kohlenwagen

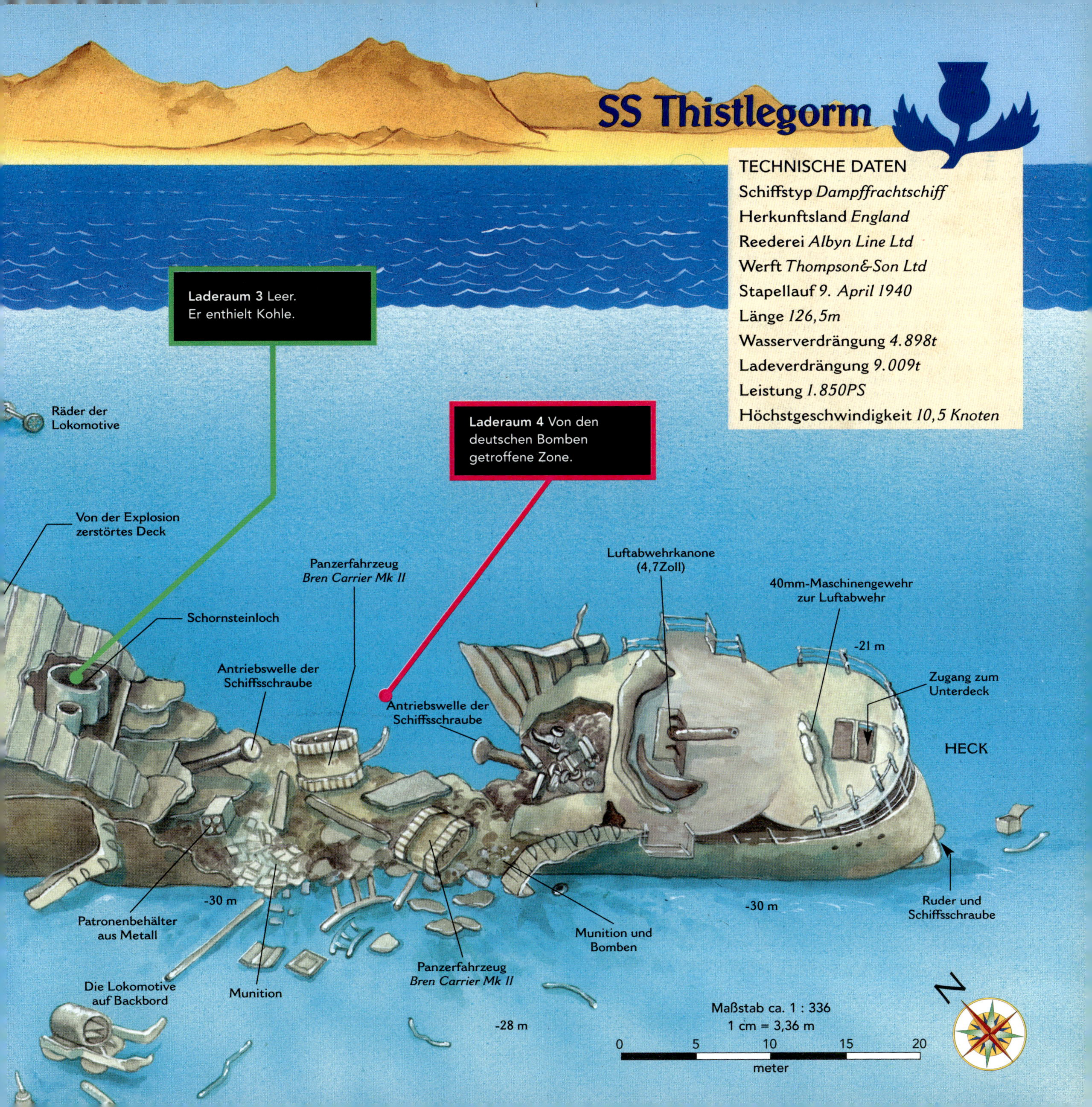

SS Thistlegorm
TECHNISCHE DATEN
Schiffstyp *Dampffrachtschiff*
Herkunftsland *England*
Reederei *Albyn Line Ltd*
Werft *Thompson&Son Ltd*
Stapellauf *9. April 1940*
Länge *126,5m*
Wasserverdrängung *4.898t*
Ladeverdrängung *9.009t*
Leistung *1.850PS*
Höchstgeschwindigkeit *10,5 Knoten*
Laderaum 3 Leer. Er enthielt Kohle.
Laderaum 4 Von den deutschen Bomben getroffene Zone.
Räder der Lokomotive
Von der Explosion zerstörtes Deck
Schornsteinloch
Antriebswelle der Schiffsschraube
Panzerfahrzeug *Bren Carrier Mk II*
Antriebswelle der Schiffsschraube
Luftabwehrkanone (4,7Zoll)
40mm-Maschinengewehr zur Luftabwehr
-21 m
Zugang zum Unterdeck
HECK
Ruder und Schiffsschraube
-30 m
Munition und Bomben
-30 m
Patronenbehälter aus Metall
Die Lokomotive auf Backbord
Munition
Panzerfahrzeug *Bren Carrier Mk II*
-28 m
Maßstab ca. 1 : 336
1 cm = 3,36 m
0 5 10 15 20
meter
N

Erkundung des Wrackäußeren

Das Heck mit der Schiffsschraube mit vier Flügeln und dem Ruder

Das Heckteil ist um 46° nach links geneigt und an der tiefsten Stelle, 30m unter dem Meeresspiegel, kann man die Schiffsschraube mit vier Flügeln und dem Ruder erkennen. Etwas höher, in 25m Tiefe, auf dem oberen Deck, befindet sich ein 40mm-Maschinengewehr zur Flugabwehr und direkt daneben, in Richtung Bug, eine kleine Flugabwehrkanone (4,7 Zoll, 119,4mm). Dazwischen tummeln sich dichte Schwärme von Glasfischen (*Parapriacanthus ransonneti*).
Die Erkundung führt zu der breiten Bruchstelle, die die deutschen Bomben auf der Höhe des Laderaums 4 verursacht haben. Dort befanden sich Munition, Bomben, die beiden Panzerfahrzeuge *Bren Carrier MK II*, die jetzt umgestürzt aber in gutem Zustand auf dem Meeresgrund liegen, und Munitionswagen. Inmitten der vielfältigen Munition, die man vor Ort noch erkennen kann und die unerklärlicherweise unbeschädigt geblieben ist, befinden sich 370mm-Patronen, die ursprünglich in Metallbehältern zu je vier Stück aufbewahrt worden waren, und einige große Grundminen, Modell *MK12*, die jeweils etwa 400kg Sprengstoff enthielten. Aus der Bruchstelle ragen außerdem gut sichtbar die beiden Enden der Antriebswelle hervor.
In ca. 30m Entfernung des Rumpfes, vom Laderaum 4 aus in Richtung Süd-West, in einer Tiefe von 28m, liegt eine der beiden Lokomotiven *Stanier 8 F*, die zur Fracht der *Thistlegorm* gehörten.
Von ihr sind nur der vordere Teil des Heizkessels und die beiden ersten Radpaare

Ein Taucher erkundet das Vorderschiff der Thistlegorm

Das 40mm-Maschinengewehr zur Luftabwehr auf dem Heck des Schiffs

Das Herstellerdatum (1935) auf dem Hülsenboden einer 370mm-Patrone

Eine der zahlreichen Haubitzen, die auf der Höhe des Laderaums 4 zu sehen sind

Die 4,7Zoll-(119,4mm)-Luftabwehrkanone auf dem Heck

Die Bordskanone

Die Fracht der *Thistlegorm* enthielt neben dem 40mm-Machinengewehr auch eine kleine Kanone (4,7 Zoll, 119mm).

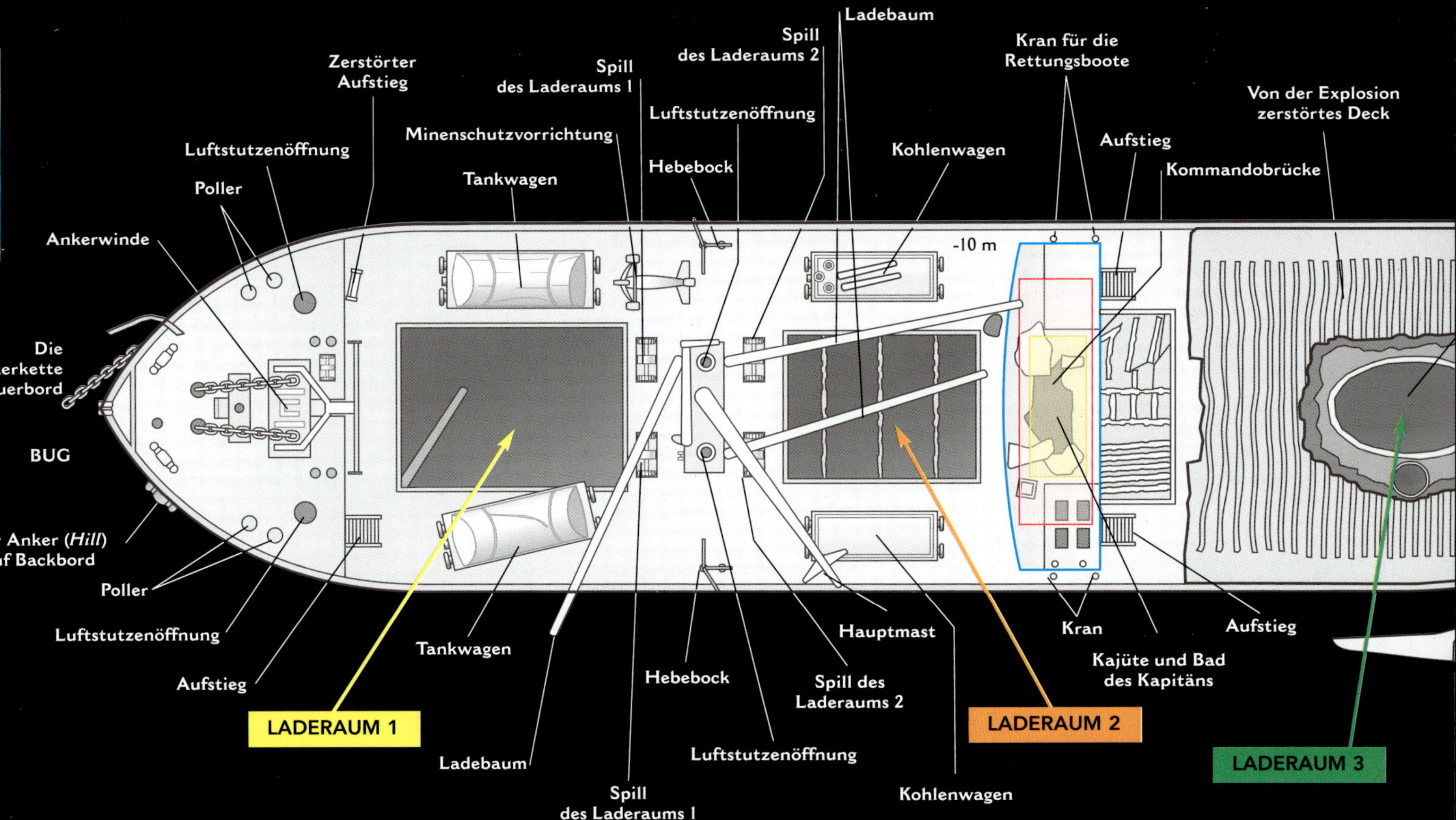
Ladebaum
Spill
des Laderaums 2
Kran für die
Rettungsboote
Zerstörter
Aufstieg
Spill
des Laderaums 1
Von der Explosion
zerstörtes Deck
Luftstutzenöffnung
Minenschutzvorrichtung
Kohlenwagen
Aufstieg
Luftstutzenöffnung
Hebebock
Kommandobrücke
Poller
Tankwagen
Ankerwinde
-10 m
Die
Ankerkette
auf Steuerbord
BUG
Der Anker (*Hill*)
auf Backbord
Poller
Luftstutzenöffnung
Aufstieg
Tankwagen
Hebebock
Hauptmast
Kran
Aufstieg
Kajüte und Bad
des Kapitäns
Spill des
Laderaums 2
LADERAUM 1
LADERAUM 2
LADERAUM 3
Ladebaum
Luftstutzenöffnung
Kohlenwagen
Spill
des Laderaums 1

Panzerfahrzeug *Bren Carrier MK II*

Luftabwehrkanone

Heck

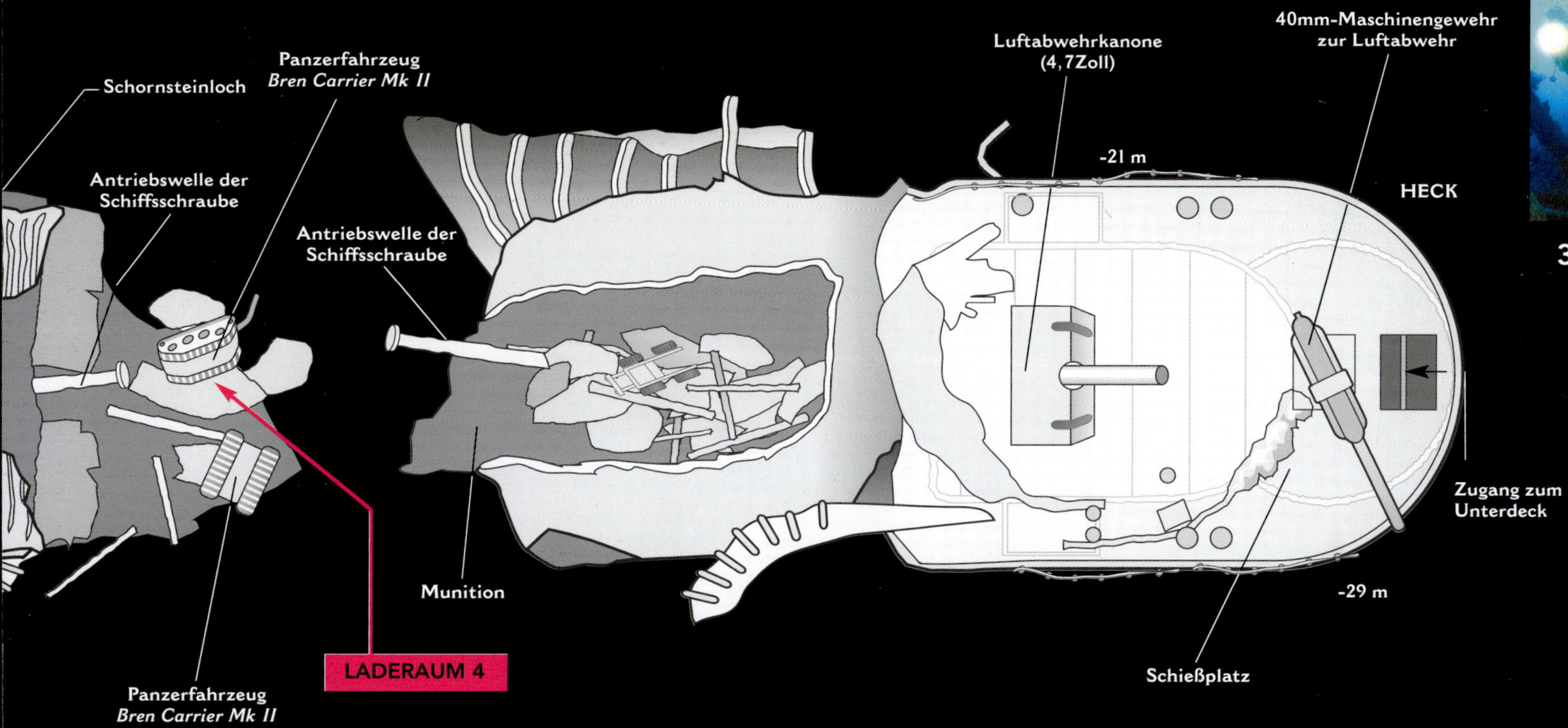

Munition

Maschinengewehr zur Luftabwehr

Vier-blättrige Schiffsschraube

DIE PANZER *UNIVERSAL CARRIERS MK II*

Die Thistlegorm *transportierte auch zwei Panzerfahrzeuge, Modell* Universal Carrier MK II, *die noch heute, wenn auch umgestürzt, auf der Höhe des von den deutschen Bomben getroffenen Laderaums 4 gut zu sehen sind.*
*Es handelte sich um Kettenfahrzeuge von kleinem Ausmaß, die mit einem 8-Zylinder-*Ford*-Motor mit 85PS ausgestattet eine Höchstgeschwindigkeit von 48km/h erreichten. Diese Panzerfahrzeuge waren extrem vielfältig verwendbar, weshalb sie auch "Universaltransporter" (universal carriers) genannt wurden. Eingesetzt wurden sie sowohl zum Personen- als auch zum Material-Transport.*
*Sie waren mit ein oder zwei 7,69mm-Maschinengewehren (*Bren*) bestückt, weswegen sie häufig auch "Bren Carriers" genannt wurden.*

TECHNISCHE DATEN

Gewicht *4,013t*
Länge *3,72m*
Höhe *1,58m*
Motor *Ford V-8*
Leistung *85 PS*
Höchstgeschwindigkeit *48km/h*

Ein Universal Carrier *MK II, während einer Militärparade*

Die Besatzung des Universal Carrier *MK II bestand aus drei Personen. Er war mit sehr beweglichen Waffen bestückt*

übriggeblieben und sie liegt mit ihrer Längsachse beinahe parallel zum Schiffsrumpf.
Zum Schiffskörper zurückgekehrt, weiter in Richtung Bug, überquert man das Schornsteinloch, das zwischen den

Einer der beiden Universal Carrier *liegt auf der Seite*

Der zweite Universal Carrier*: komplett umgestürzt*

Ausschnitt des Kettenantriebs eines der beiden Panzerfahrzeuge

Die Lokomotive, die etwa 30m von der linken Schiffsseite entfernt liegt, hat die Kesselluke geschlossen. Von ihr sind zwei Radpaare erhalten

Der dunkle Teil der Zeichnung entspricht den verbliebenen Überresten der beiden Stanier 8 F. *Der Führerstand und der hintere Teil des Heizkessels wurden bei der Explosion zerstört*

Ausschnitt der vorderen Räder der ersten Lokomotive

Räder der zweiten Lokomotive, die sich in etwa 30m Entfernung von dieser befinden

Die Kesselluke der Lokomotive, die sich rechter Hand des Wracks befindet, ist geöffnet

DIE LOKOMOTIVE *STANIER 8 F*

Die Stanier 8 F *war eine der verbreitetsten englischen Dampfloks der Jahre vor dem Zweiten Weltkrieg und wurde nach ihrem Konsrtukteur Sir William Stanier, der sie 1933 entwarf, benannt.*
Sie besaß einen neu konzipierten, besonders effizienten Heizkessel, der eine Leistung von bis zu 1.620PS entwickelte und damit das Erreichen einer Höchstgeschwindigkeit von 65km/h ermöglichte.
Auf dem Deck der Thistlegorm *befanden sich zwei dieser Lokomotiven, beide mit Kohlenwagen (*Tendern*) und Tankwagen, die zur Sicherung der Wasserversorgung dienten, ausgestattet.*
Bei der Explosion des Schiffes wurden die Loks in ca. 30m Entfernung des Schiffskörpers geschleudert, während die Tender *und die Tankwagen an ihrem Platz, dem Vorderteil des Decks, stehengeblieben sind.*
Einige Lokomotiven dieses Typs blieben bis in die Anfänge der achtziger Jahre im Dienst, und etliche dieser historischen Fahrzeuge sind noch heute betriebsfähig.

TECHNISCHE DATEN

Gewicht *126,7t*
Länge *19,2m*
Wasservorrat *19t*
Kohlevorrat *9t*
Heizkesseldruck *15,8bar*
Leistung *1.620PS*
Höchstgeschwindigkeit *65km/h*

Die erste Lokomotive Stanier F 8 *liegt linker Hand der* Thistlegorm *in einer Wassertiefe von 30m*

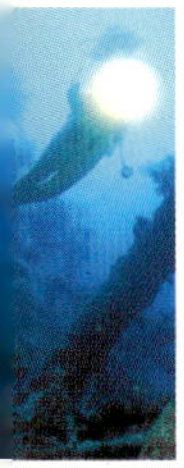

Der Aufstieg zur Kommandobrücke. Daneben Luftstutzenöffnung

zerrissenen Bruchstücken des Decks offen steht. Hier befindet sich auch der Zugang zum Laderaum 3, der hauptsächlich Kohle enthielt.
Es folgt der zentrale und höchste Teil des Schiffs, die Kommandobrücke, von der die gesamte Einrichtung entwendet worden ist, einschließlich des Funkgeräts, das dazu diente, Befehle in den Maschinenraum zu senden. Daneben erkennt man die Kapitänskajüte, an die wiederum das bei Besuchern beliebte Badezimmer anschließt,

Die Badewanne des Kapitäns

Die Wasserhähne im Bad des Kapitäns

in dem sich noch immer die Badewanne mit den dazugehörigen Wasserhähnen befindet. Es wurden nur die Armaturen entwendet. Weiter vorne liegt der breite Eingang zum Laderaum 2 offen, an dessen Seiten die beiden Kohlenwagen (*Tender*) der Lokomotiven stehen. Auf der Höhe des Eingangs zum Laderaum 2 auf der Steuerbordseite des Schiffes, einige Dutzend Meter vom Kohletender weiter entfernt und in einer Wassertiefe von 30m, befindet sich die zweite Lokomotive *Stanier 8 F*, deren Längsachse mit der des Schiffs einen Winkel

Die höchste Stelle der Kommandobrücke

Die zweite Lokomotive von oben: Der Pfeil weist auf die geöffnete Kesselluke hin

von ca. 45° bildet. Im Unterschied zur ersten hat diese Lokomotive die vordere Kesselluke geöffnet. In etwa 30m Entfernung von ihr, in Richtung Bug, kann man das vordere Radpaar dieser Lokomotive erkennen. Weiter vorne auf dem Deck, in Richtung Vorderschiff, sieht man die beiden großen Spillen der Ladebäume, die den Laderaum 2 bedienten und den abgeknickten Hauptmast, der teilweise auf dem linken *Tender* aufliegt.

Als das Schiff sank, stand der Mast noch in seiner ursprünglichen Position, und seine Spitze befand sich direkt unter der Wasseroberfläche. Erst Anfang der siebziger Jahre wurde er von einigen Tauchern mit Hilfe eines Sprengsatzes umgelegt, um, einerseits eine mögliche Gefahr für die Schifffahrt auszuräumen, andererseits, um die Anwesenheit des Wracks zu verbergen. Es folgt das Aufbaudeck mit den Öffnungen, in denen die riesigen Luftstutzen installiert waren, die zur Belüftung der Laderäume dienten. Außerdem sieht man zwei weitere Spillen vor dem Eingang zum Laderaum 1, auf dessen Seiten sich zwei Tankwagen befinden, die der Wasserversorgung der Lokomotiven dienen sollten.

Zwei der Spillen zur Bedienung der Ladebäume

Auf beiden Seiten der Brücke, neben dem Aufbaudeck, befanden sich zwei torpedoförmige Minenschutzvorrichtungen die im hinteren Teil mit Rudern bestückt waren, und die dazugehörigen Kräne, die dazu dienten, sie zu heben und ins Wasser zu lassen. Sie wurden vom Schiff gezogen und hatten die Aufgabe die Seile möglicher im Meeresboden befestigter Ankertauminen zu durchschneiden. Auf dem Wrack ist nur die Minenschutzvorrichtung auf Steuerbord erhalten, während von der anderen nur noch Bruchstücke existieren. Noch näher am Bug erkennt man zwei Aufstiege, die den Zugang zur Back ermöglichten, deren höchster Teil sich in einer Tiefe von 16m befindet: der rechte Treppenaufgang ist im Jahre 2001 von einem Reiseleiter, der dort

Die Mineschutzvorrichtung, häufig fälschlicherweise als "Torpedo" bezeichnet, befindet sich auf der Steuerbordseite

die Spitze seines Bootes befestigt hatte, weggerissen worden. Der linke ist verschont geblieben. In der Nähe dieses Aufstiegs kann man eine Seeanemone mit ihren Rotmeer-Anemonenfischen (*Amphiprion bicinctus*) bewundern. Zwischen den beiden Stiegen sind mehrere Türen verteilt, die den Zugang zur Vorpiek ermöglichten. Dort befanden sich die Ankerketten und die zur Verankerung benötigten Taue. In der Mitte der Back steht eine perfekt erhaltene Ankerwinde. Sie ist von dichten Schwärmen von Haremsfahnenbarschen (*Pseudoanthias squamipinnis*) umgeben. Letztlich sieht man den linken Anker (Modell *Hill*) noch immer an seiner ursprünglichen Stelle, während der rechte sich auf dem Meeresgrund in einer Entfernung von über 100m befindet. Die Reling, rings um die Back, ist nahezu komplett weggerissen.

Die großen Poller zur Vertäung des Schiffs

Die große Ankerwinde auf dem Bug

Der linke Aufstieg zur Back

Einer der beiden Wassertankwagen, die seitlich der Öffnung zum Laderraum I stehen

Eine der Öffnungen der Luftstutzen auf dem Aufbaudeck, die die Belüftung der Laderäume ermöglichten

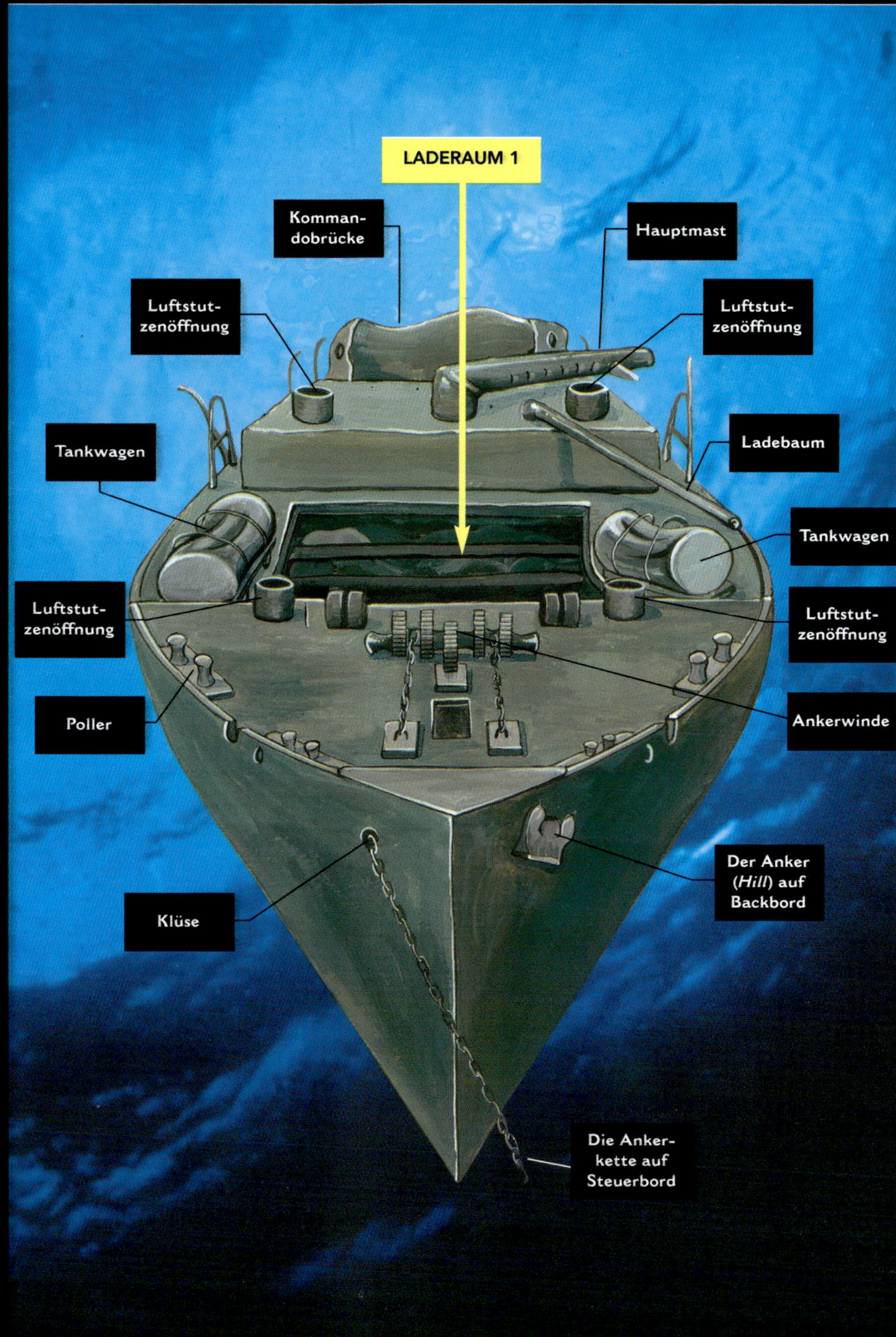

Die Laderäume

Mehrere BSA *Motorräder auf der Ladefläche eines* Ford-*LKWs*

Der Laderaum 3 ist praktisch nicht von Interesse, da er hauptsächlich die für den Heizkessel benötigte Kohle enthielt. Im Falle starker Strömungen ermöglicht er jedoch, verhältnismäßig leicht den bei weitem interessanteren Laderaum 2 zu erreichen. Dieser ist in zwei Ebenen, eine obere und eine untere, unterteilt.
Oben befinden sich beidseitig Lastkraftwagen (*Ford WOT2*, *Bedford 0Y*) und einige Gelände-LKWs (*Morris Commercial CS 8*). Darüberhinaus Motorräder vom Typ *BSA W-M20* und *Norton 16 H*.

Einige der Flugzeugflügel im Laderaum 2

Einige von diesen sind mit Seitenwagen ausgestattet.
Auf der unteren Ebene, linker Hand, findet man zahlreiche, größtenteils leere Anhänger und Ersatzteile für Flugzeugflügel. Rechter Hand befinden sich Lastkraftwagen (*Bedford*), auf deren Pritsche einige Motorräder stehen, ein *Tilling Stevens TS-19* LKW, einige mit Seitenwagen ausgestattete Motorräder (*Norton 16 H*), ein Vorrat an Gummistiefeln, einige Gewehre (*Lee Enfield MK III*) und zahlreiche Autoreifen
Der im Bug gelegene Laderaum 1,

Der Lastkraftwagen Tilling Stevens TS-19, *den man im Laderaum 2 sehen kann*

Einer der vielen leeren Anhänger, die einen Großteil des Laderaums 1 ausfüllen

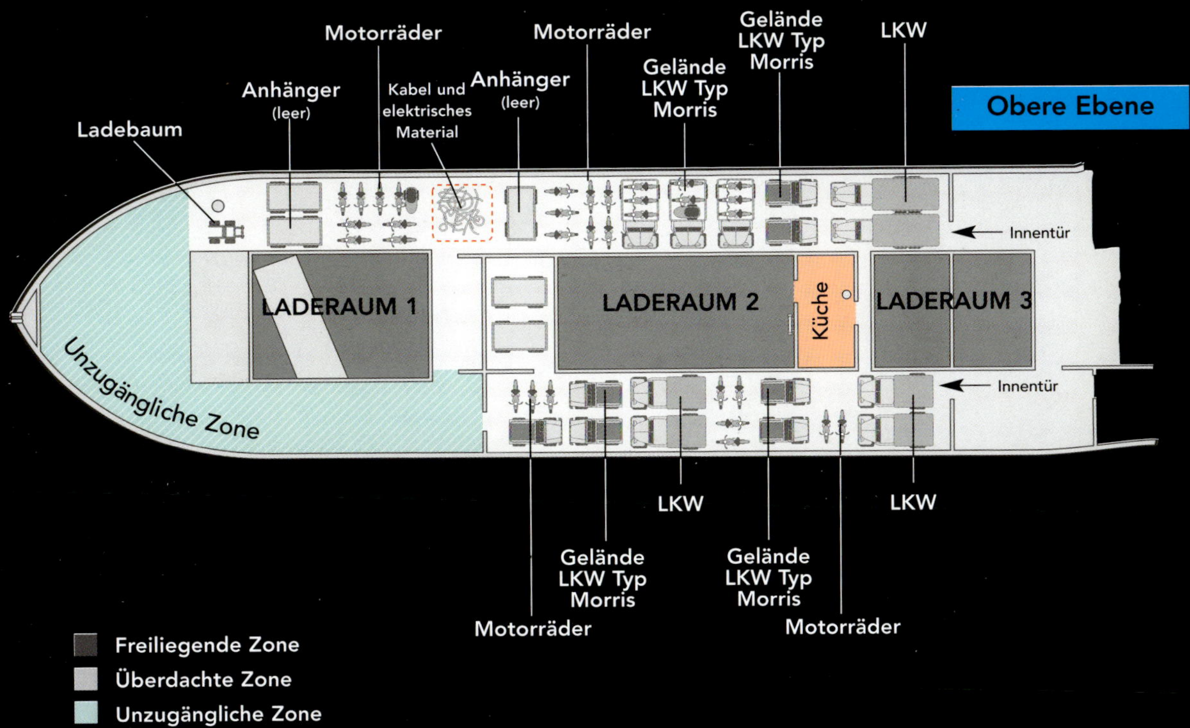
Obere Ebene
Ladebaum
Anhänger (leer)
Motorräder
Kabel und elektrisches Material
Anhänger (leer)
Motorräder
Gelände LKW Typ Morris
Gelände LKW Typ Morris
LKW
Innentür
LADERAUM 1
LADERAUM 2
Küche
LADERAUM 3
Innentür
Unzugängliche Zone
LKW
LKW
Gelände LKW Typ Morris
Gelände LKW Typ Morris
Motorräder
Motorräder
Freiliegende Zone
Überdachte Zone
Unzugängliche Zone

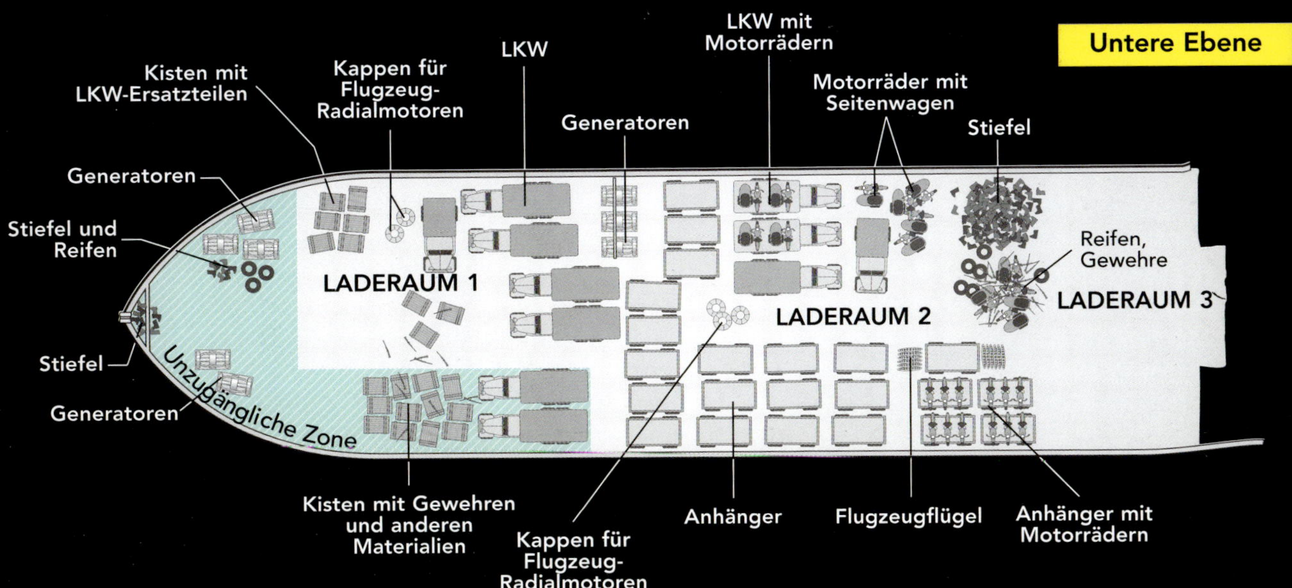
Untere Ebene
Kisten mit LKW-Ersatzteilen
Kappen für Flugzeug-Radialmotoren
LKW
Generatoren
LKW mit Motorrädern
Motorräder mit Seitenwagen
Stiefel
Generatoren
Stiefel und Reifen
LADERAUM 1
LADERAUM 2
Reifen, Gewehre
LADERAUM 3
Stiefel
Unzugängliche Zone
Generatoren
Kisten mit Gewehren und anderen Materialien
Kappen für Flugzeug-Radialmotoren
Anhänger
Flugzeugflügel
Anhänger mit Motorrädern

Erkundung der Laderäume

Die Laderäume des Wracks enthalten immer noch ihre gesamte Ladung. Taucher bewegen sich um Kraftfahrzeuge, Anhänger, Motorrädern, Gewehren und Stiefel umher.

Das Wrack der Thistlegorm

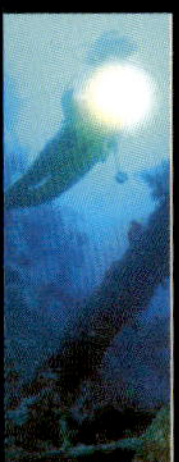

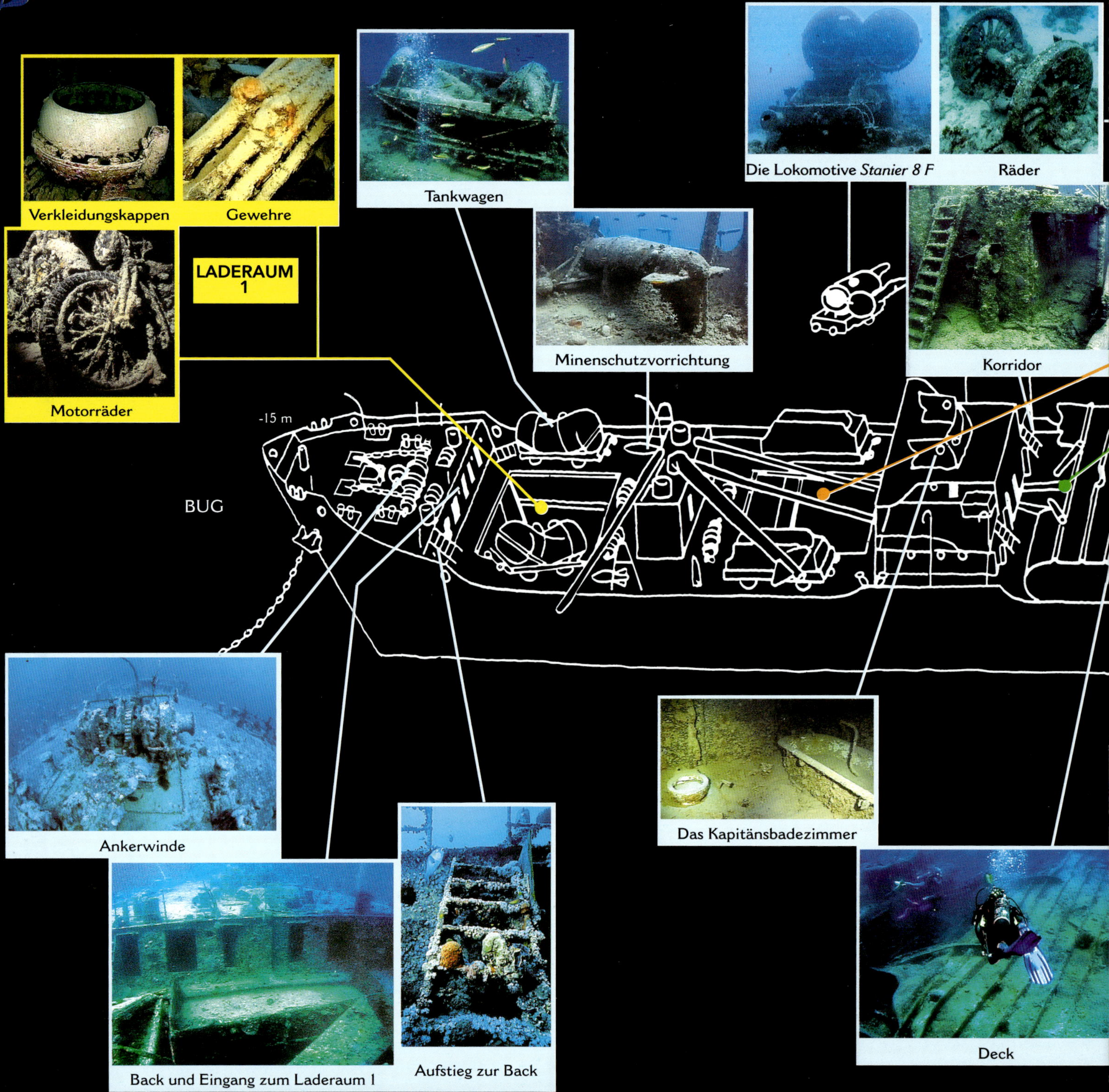

Verkleidungskappen

Gewehre

Motorräder

Tankwagen

Minenschutzvorrichtung

Die Lokomotive *Stanier 8 F*

Räder

Korridor

Ankerwinde

Back und Eingang zum Laderaum 1

Aufstieg zur Back

Das Kapitänsbadezimmer

Deck

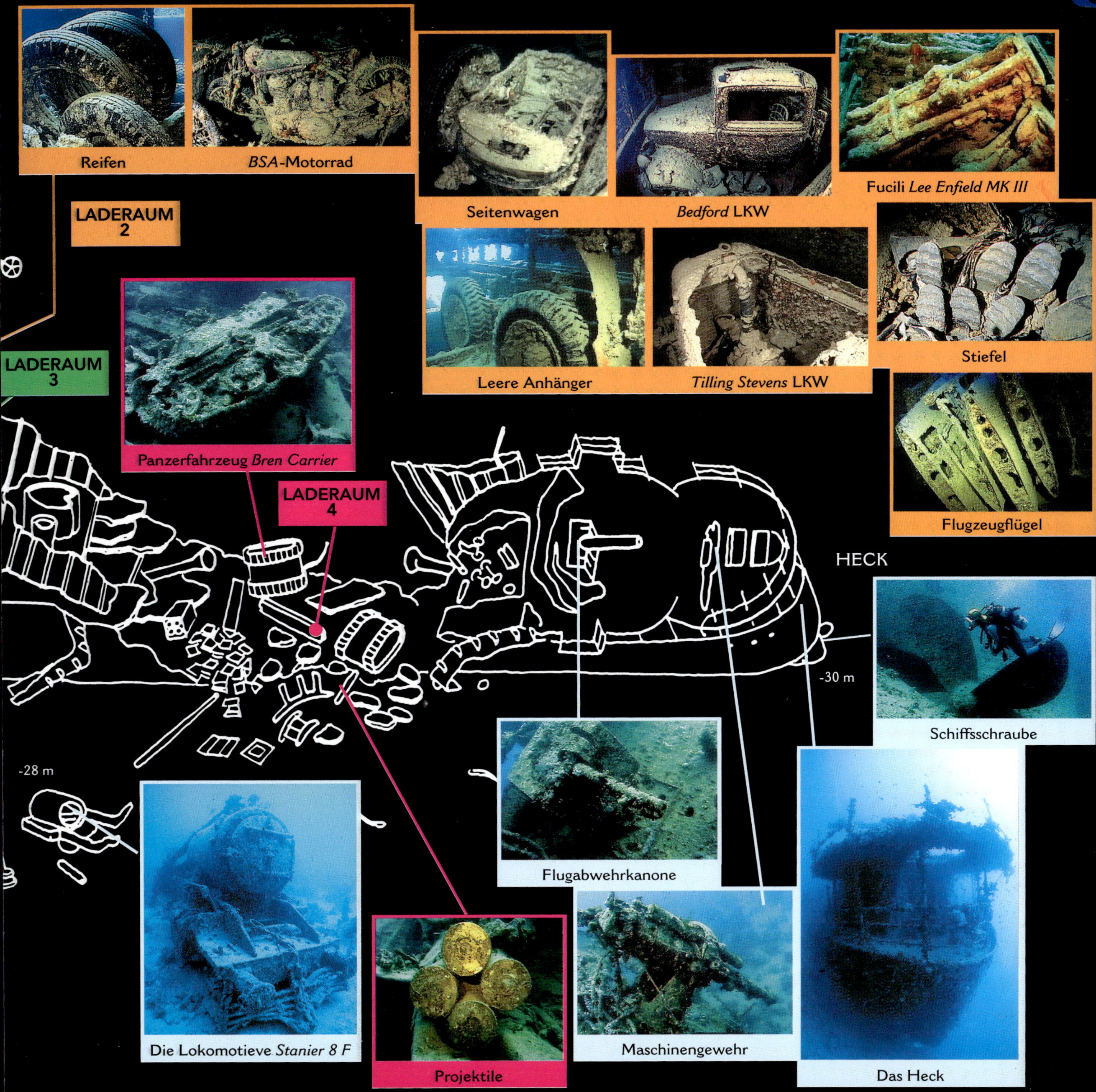
Reifen
BSA-Motorrad
Seitenwagen
Bedford LKW
Fucili Lee Enfield MK III
LADERAUM 2
Leere Anhänger
Tilling Stevens LKW
Stiefel
LADERAUM 3
Panzerfahrzeug Bren Carrier
LADERAUM 4
Flugzeugflügel
HECK
-30 m
Schiffsschraube
-28 m
Flugabwehrkanone
Die Lokomotieve Stanier 8 F
Projektile
Maschinengewehr
Das Heck

DIE MOTORRÄDER

Die Thistlegorm *transportierte eine beträchtliche Anzahl Motorräder der folgenden Modelle:* BSA W-M20, Norton 16 H *und* Matchless G3L. *Die Modelle* W-M20 *der* BSA *(Abkürzung für* Birmingham Small Arms, *so hieß die Herstellerfirma) waren sehr robuste, für die Wüste geeignete Fahrzeuge und sowohl zum Geleitschutz als auch zum Transport von Depeschen und anderen Schriftstücken gedacht. In den Jahren 1939 und 1940 wurden von ihnen über 126.000 Stück gebaut. Die* Norton 16 H *ähnelten im Design den* BSA *und viele von ihnen waren mit einem Seitenwagen ausgestattet.*

Die dritte Gruppe an Motorrädern an Bord der Thistlegorm *stellten die* Matchless G3L *dar, mit gleichem Hubraum und Leistung wie die* Norton 16H. *Auch sie war für die Wüste geeignet und wurd auch nach dem Krieg für zivile Zwecke weitergebaut.*

BSA W-M20

Gewicht *176kg*
Motor *BSA 496ccm Hubraum*
Leistung *12PS*
Höchstgeschwindigkeit *ca. 110km/h*

MATCHLESS G3L

Gewicht *148kg*
Motor Matchless *347ccm Hubraum*
Leistung *16PS*

NORTON 16 H

Gewicht *148kg*
Motor Matchless *347ccm Hubraum*
Leistung *16PS*

Gewehr Modell Lee Enfield MK III

kommuniziert über zwei seitliche Innentüren mit dem Laderaum 2 und auch er ist von großem Interesse. Der linke Teil ist gänzlich zusammengestürzt, während die rechte Hälfte auf der oberen Ebene zwei nebeneinander stehende, leere Anhänger und Motorräder beherbergt (*Matchless G3L, Norton 16 H*; auch hier sind einige mit Seitenwagen ausgestattet). Auf der unteren Ebene findet man Flugzeugmotorenteile, Arzneikisten, Gewehre (Modell *Lee Enfield MK III*) und tragbare Stromgeneratoren.

Diese Kappen sind Flugzeugersatzteile, die zur Verkleidung von sternförmigen Radialmotoren dienten

Einige der zahlreichen Lee Enfield MK III *Gewehre, die noch heute auf der* Thistlegorm *zu sehen sind*

Einige der BSA *Motorräder, mit denen die* Bedford *Lastwagen des Laderaumes 2 beladen sind*

DIE LASTWAGEN

Ein wesentlicher Teil der Ladung der Thistlegorm *bestand aus verschiedenen Modellen kleinerer Lastwagen, die hauptsächlich im Laderaum 2 untergebracht waren. Einige darunter waren* Ford WOT2, *Vielzweck-LKWs, deren Ladefläche mit einer Plane versehen war. Während des Zweiten Weltkriegs wurden immerhin 60.000 Stück davon gebaut. Diesen beiden Modellen ähnlich, aber wesentlich größer waren die* Ford WOT3, *von denen 18.000 Stück produziert wurden. Noch größer war der* Ford WOT1, *der im Unterschied zu den anderen LKW drei Achsen besaß und 6,49m lang war. Eines dieser Modelle befindet sich auf der unteren Ebene des Laderaumes 2. Es handelt sich um einen seltenen Lastwagen (das gesamte englische Heer war mit nur etwa hundert Stück ausgerüstet) und er war für Schwertransporte und andere Verwendungszwecke (so z.B. als Feldlazarett*

FORD WOT 2
Gewicht *2.034kg*
Länge *4,49m*
Höhe *2,28m*
Motor Ford *8-Zylinder*
mit 3.621ccm Hubraum
Leistung *60PS*

TILLING STEVENS TS-19
Gewicht *4.091kg*
Länge *6,35m*
Höhe *3,30m*
Motor Tilling Stevens *6-Zylinder*
mit 5.115ccm Hubraum
Leistung *70PS*

oder als Basis für Flugabwehrscheinwerfer oder Stromgeneratoren, u.ä.) konzipiert. Von ähnlichen Ausmaßen, aber nur zwei-achsig war auch der Lastwagen Modell Tilling Stevens TS-19, *von dem ebenfalls ein Exemplar im Laderaum 2 zu finden ist.*

BEDFORD MW
Gewicht *2.128kg*
Länge *4,36m*
Altezza *2,28m*
Höhe Bedford *6-Zylinder*
mit 3.519ccm Hubraum
Leistung *72PS*

In größerer Anzahl findet man den Bedford MW, *der dank seiner offenen, aus dünnem Platteisen gebauten Fahrerkabine leicht zu erkennen ist, und den* Bedford OY, *einen im britischen Heer sehr häufig verwendeten Mehrzweck-LKW, von dem über 72.000 Stück gebaut wurden. Schließlich finden sich einige Gelände-LKWs vom Typ* Morris Commercial CS 8 *mit 6-Zylinder-Motor, die man gut an ihrer doppelt-geeckten Motorhaube erkennen kann.*

MORRIS COMMERCIAL CS 8
Gewicht *unbekannt*
Länge *4,49m*
Höhe *2,28m*
Motor Ford *8-Zylinder*
mit 3.621ccm Hubraum
Leistung *25PS*

TILLING STEVENS TS-19
Gewicht *4.091kg*
Länge *6,35m*
Höhe *3,30m*
Motor Tilling Stevens *6-Zylinder*
mit 5.115ccm Hubraum
Leistung *70PS*

Automobile an Bord

Der Fahrerraum eines *Morris Commercial* CS 8: das Lenkrad, der Schalthebel und die Bremse sind noch in gutem Zustand.

Die wertvolle Fracht

Überblick auf den Laderaum 2 der *Thistlegorm* mit mehreren GeländeLKWs *Morris Commercial CS 8*.

Die Fauna der *Thistlegorm*

Schon nach wenigen Jahren bildete sich auf der versenkten *Thistlegorm*, die sowohl von Weich- als auch von Steinkorallen in kürzester Zeit kolonisiert worden war, ein regelrechtes, künstliches Riff mit einer reichen Tierwelt. In den letzten Jahren hat allerdings die extrem hohe

Eine Seeanemone mit den für sie typischen Rotmeer-Anemonenfischen findet man am Fuße des Aufstiegs zur Back

Auf den Drahtseilen des Wracks findet man häufig Bewuchs von Anemonen

Auf der Thistlegorm *kann man zahlreiche Nacktkiemer (*Nudibranchia*) wie diesen (gen.* Chromodoris*) beobachten*

Präsenz von Tauchern den Anteil an Weichkorallen drastisch reduziert.
Die Fauna der *Thistlegorm* ist trotz allem immernoch sehr reich. Es leben dort sowohl ubiquitäre Fische, als auch solche, die sich spezielle Stellen des Wracks gewählt haben, von denen ihnen offensichtlich ein adäquates Habitat geboten wird. Geradezu berühmt ist ein Teppich-Krokodilsfisch (*Papilloculiceps longiceps*), der sich meist auf dem Deck aufhält. In der Heckzone und in den Korridoren finden sich oft große Schwärme an Glasfischen (*Parapriacanthus ransonneti*), zwischen denen sich häufig ein einzelner Rotmaul-Zackenbarsch (*Aethaloperca rogaa*) aufhält. Weitere Schwärme, die sich um Heck und Bug tummeln, werden vom

Dieser Teppich-Krokodilsfisch (Papillo-culiceps longiceps) *lebt auf dem Deck*

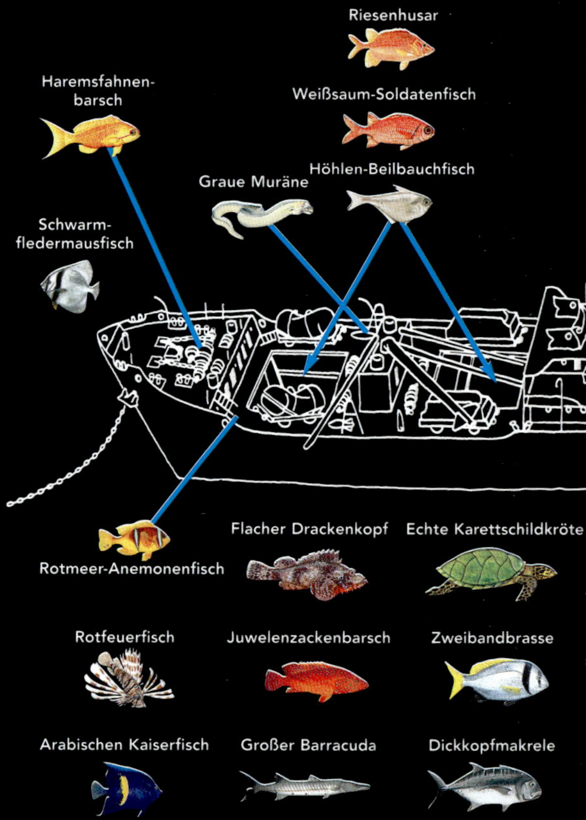

Schwarmfledermausfisch gebildet (*Platax orbicularis* und *P. teira*). In den Korridoren und in strömungs- und lichtgeschützten Kluften halten sich Rotfeuerfische (*Pterois miles*) auf, die sich auf der ständigen Jagd nach kleinen Beutefischen, vor allem den Glasfischen, befinden.

An den weniger tiefen und strömungsärmeren Stellen findet man unausbleiblich Schwärme von Haremsfahnenbarschen (*Pseudanthias squamipinnis*), häufig in der Nähe der Ankerwinde frenetisch damit beschäftigt, gegen die Strömungen anzukämpfen. Deutlich seltener als früher, aber immernoch in beträchtlicher Anzahl vorhanden sind die Barsche, darunter der Juwelenzackenbarsch (*Cephalopholis miniata*) und der Gefleckte Riesenzackenbarsch (*Epinephelus tukula*). Letzteren sieht man bevorzugt in der Zone der Schiffsschraube und des Ruders. In erster Linie gleichmäßig auf die Innenräume verteilt findet man die Zweibandbrasse (*Acanthopagrus bifasciatus*), während sich in den tieferliegenden Laderäumen zwischen den leeren Anhängern und den Lastkraftwagen vor allem Riesenhusare (*Sargocentron spiniferum*), Höhlen-Beilbauchfische (*Pempheris vanicolensis*) und Weißsaum-Soldatenfische (*Myripristis murdjan*) aufhalten. In den Zonen des Wracks, die mögliche Verstecke bieten, gibt es einige Riesenmuränen (*Gymnothorax javanicus*) und einige Graue Muränen (*Siderea grisea*), von denen eine das Innere der torpedoförmigen Minenschutzvorrichtung bewohnt.

In der Umgebung des Wracks kann man außerdem Schwärme von Straßenkehrern (gen. *Lethrinus*) beobachten, den ein oder anderen einzelnen Arabischen Kaiserfisch (*Pomacanthus maculosus*), dank seines gelben dreieckigen Flecks, der an die Sinaihalbinsel erinnert, leicht zu erkennen. Seltener sieht man Schwärme des Großen Barracuda (*Sphyraena barracuda*) und Dickkopfmakrelen (*Caranx ignobilis*).

Eine Zweibandbrasse
(Acanthopagrus bifasciatus)

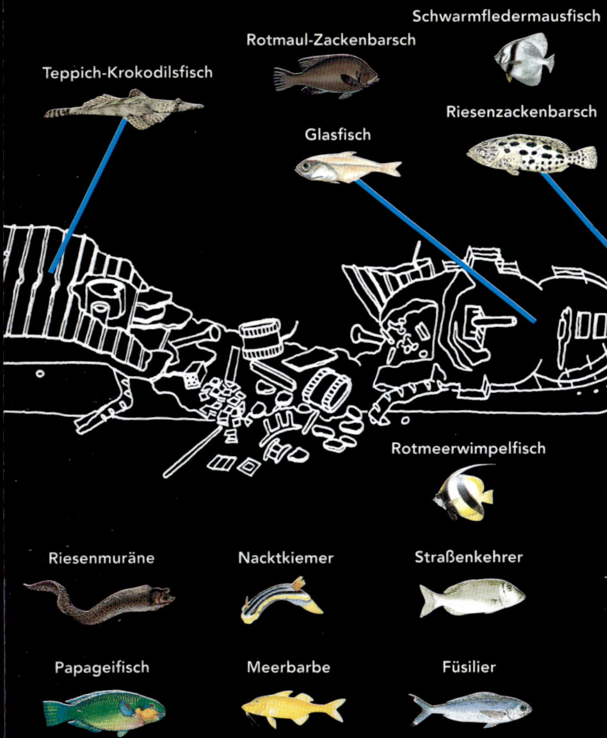

Ein Gefleckter Riesenzackenbarsch
(Epinephelus tukula)

Ein Juwelenzackenbarsch
(Cephalopholis miniata)

Ein Schwarm Straßenkehrer (gen. Letrinus*)*

Eine kleine Graue Muräne (Siderea grisea) *im Innern der Minenschutzvorrichtung*

In den Kluften des Wracks hält sich auch manche Riesenmuräne (Gymnothorax javanicus) *auf*

Ein Kugelkopf-Papageifisch (Scarus sordidus) *ernährt sich vom Algenbewuchs des Wracks*

Die Taucher, die die Thistlegorm *erkunden, sind oft von Schwärmen von Glasfischen* (Parapriacanthus ransonneti) *umgeben*

Auf der Brücke der Thistlegorm *ruht ein Flacher-Drackenkopf (*Scorpaenopsis oxycephala*) neben einem Seestern*

*Manchmal findet eine echte Karettschildkröte (*Eretmochelys imbricata*) Unterschlupf zwischen den Strukturen*

← *Auf der Brücke des Wracks schwimmt ein Schwarm Rotmeerwimpelfische (*Heniochus intermedius*) zwischen den Metallstrukturen umher*

→ *Ein dichter Schwarm Haremsfahnenbarsche (*Pseudanthias squamipinnis*) schwimmt um die große Ankerwinde am Bug herum*

Die Erhaltung des Wracks

Die Tankdeckel dieser BSA *Motorräder wurden entwendet*

Leider ist die Anzahl von Tauchern, die täglich die *Thistlegorm* besuchen, vor allem für die Erhaltung der Eisenstrukturen auf unerträgliche Höhen gestiegen. Die aufsteigenden Luftblasen, die sich an den Wänden festsetzen und damit den zerstörerischen Rostfraß beschleunigen, gefährden ihr Überleben. Die übertrieben hohe Besucherzahl hat darüberhinaus in den letzten Jahren in beunruhigendem Ausmaße die Menge der Weichkorallen, die das Schiff kolonisiert hatten, reduziert. Außerdem haben viele Taucher der Versuchung nicht widerstanden, Gegenstände, Motorradteile oder gar Munition respektlos vom Wrack zu entwenden.

Die *Thistlegorm* ist nicht nur eines der berühmtesten Schiffwracks der Welt und eine der wichtigsten touristischen Attraktionen Ägyptens und damit eine wesentliche Devisenquelle: die etwa 2.000 monatlichen Besucher bringen einen jährlichen Devisenfluß von umgerechnet etwa 3 Millionen Dollar ein; mehr als die Pyramiden von Gise. Sie ist auch und vor allem ein außergewöhnliches historisches Denkmal des Zweiten Weltkriegs, dessen Erhaltung sich heute als Notwendigkeit erweist. Die ägyptische Regierung sollte deswegen eine strenge Reglementierung der Tauchvorgänge in Betracht ziehen, oder den Zugang zum Wrack gar vollständig verbieten.

Zwischen diesen beiden Fotos liegen sieben Jahre: die wunderschöne Lederkoralle am Fuße des Aufstiegs ist verschwunden; überhaupt ist die Präsenz an Weichkorallen stark reduziert

Eine der beiden kleinen Aufstiegen im Jahre 1993 und 2003, die den Aufstieg zum Aufbaudeck erlaubten: man erkennt eine geringe Abnahme an Schwämmen und Korallen mit pumpenden Polypen (Xenidae). Die Handläufe (im Foto oben) sind heute vollkommen zerstört

1993

2003

Die Richtantenne des Funkpeilers, wie sie sich 1955 präsentierte, als sie von den Expeditionsmitgliedern des Kommandanten Cousteau aufgenommen wurde. Die Richtantenne wurde anschließend wie so viele Gegenstände des Schiffes skrupellos von Tauchern entfernt, um dann 2004 dem kleinen privaten Museum namens Sinai and Diving Heritage Museum *in Naama Bay übergeben zu werden, wo sie momentan ausgestellt ist*

1955

2004

DIE JÜNGSTE ENTDECKUNG

Der Bug der *Rosalie Moller*, in perfektem Zustand, befindet sich in einer Tiefe von 32 Metern. Das Wrack wurde 1993 wiederentdeckt

Das Wrack der Rosalie Moller

ROSALIE MOLLER

Geschichte

Ein Bild mit Seltenheitswert: die Rosalie Moller *als sie noch den Namen* Francis *trug*

Die SS *Rosalie Moller* war ein Frachtschiff von 108,2m Länge und 10m Breite, besaß eine Wasserverdrängung von 3.963t und lief im Januar 1910 auf der Werft *Barclay Curle&Co* in Whitenish (Glasgow) vom Stapel. Im selben Jahr wurde sie in Liverpool mit dem Namen *Francis* registriert. Sie war mit einem 3-Zylinder-Dampfmotor mit dreistufiger Expansion ausgestattet, hatte eine Leistung von 1.980PS und erreichte eine Höchstgeschwindigkeit von 10,5 Knoten. 1931 wurde das Schiff von der skandinavischen Reederei *Moller Line* erworben und wurde im damals von den Engländern kontrollierten Hafen von Schanghai unter britischer Flagge und mit ihrem neuen Namen *Rosalie Moller* registriert. Die *Moller* befuhr einige Jahre lang die Gewässer des Meeres östlich von China, zwischen Schanghai und Tsingtao. 1938, als die ersten Vorboten des Krieges spürbar wurden, wurde sie nach Liverpool zurückbeordert, um sich einer Revision zu unterziehen. Das Schiff war längst veraltet und so konnte sie auch nach der Revision des Motors, die im Juli 1941 endete, nur noch mit reduzierter Geschwindigkeit fahren (7,5 Knoten wurden nicht mehr überschritten). Schließlich wurde sie für den Kohletransport zu den englischen Flottenstützpunkten bestimmt.

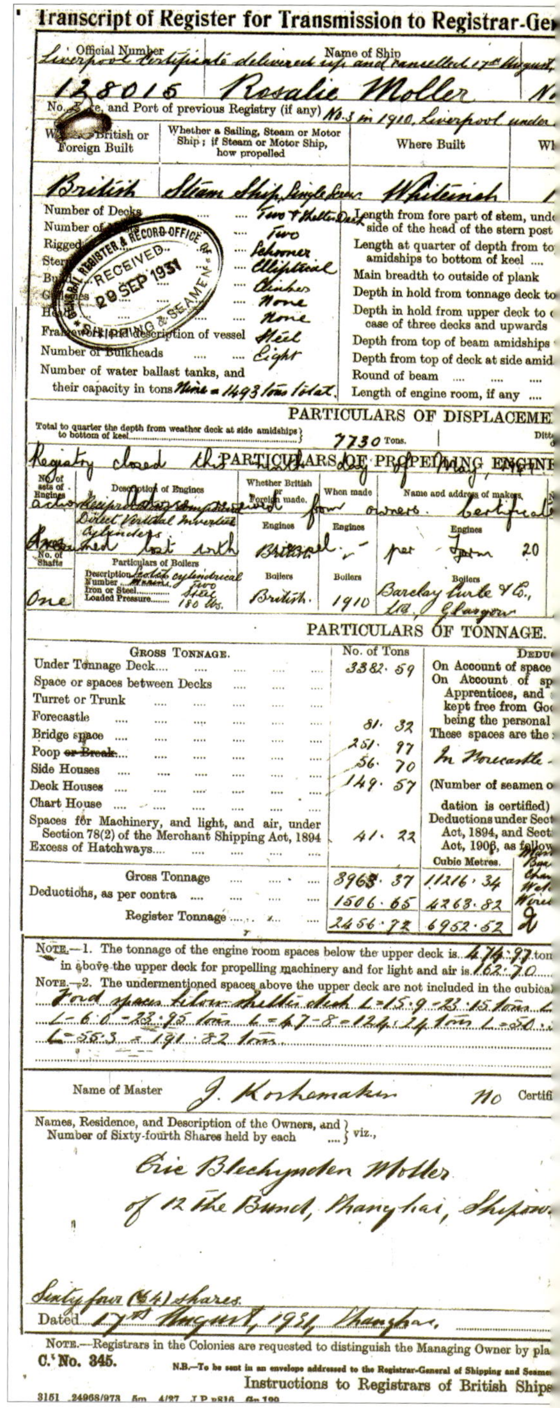
Transcript of Register for Transmission to Registrar-Ge…

Official Number: 128016 — Name of Ship: Rosalie Moller

No., Date, and Port of previous Registry (if any): No. 3 in 1910, Liverpool …

Whether British or Foreign Built: British — Whether a Sailing, Steam or Motor Ship; if Steam or Motor Ship, how propelled: Steam Ship, Single Screw — Where Built: Whitenish

Number of Decks: Two & Shelter Deck
Number of Masts: Two
Rigged: Schooner
Stern: Elliptical
Build: Clinker
Galleries: None
Head: None
Framework and description of vessel: Steel
Number of Bulkheads: Eight
Number of water ballast tanks, and their capacity in tons: Nine = 1493 tons total.

Length from fore part of stem, under side of the head of the stern post …
Length at quarter of depth from top … amidships to bottom of keel ….
Main breadth to outside of plank
Depth in hold from tonnage deck to …
Depth in hold from upper deck to … case of three decks and upwards
Depth from top of beam amidships …
Depth from top of deck at side amid…
Round of beam ….
Length of engine room, if any ….

RECEIVED 29 SEP 1931 — GENERAL REGISTER & RECORD OFFICE OF SHIPPING & SEAMEN

PARTICULARS OF DISPLACEME…

Total to quarter the depth from weather deck at side amidships to bottom of keel: 7730 Tons.

PARTICULARS OF PROPELLING ENGINE…

Description of Engines: Direct Vertical Inverted … cylinders — Whether British or Foreign made: Engines British; Boilers British — When made: Boilers 1910 — Name and address of makers: Boilers Barclay Curle & Co., Ltd., Glasgow

Particulars of Boilers: Description Scotch cylindrical; Number Two; Iron or Steel Steel; Loaded Pressure 180 lbs.

No. of Shafts: One

PARTICULARS OF TONNAGE.

GROSS TONNAGE.	No. of Tons
Under Tonnage Deck	3382·59
Space or spaces between Decks	
Turret or Trunk	
Forecastle	81·32
Bridge space	251·97
Poop ~~or Break~~	56·70
Side Houses	149·57
Deck Houses	
Chart House	
Spaces for Machinery, and light, and air, under Section 78(2) of the Merchant Shipping Act, 1894	41·22
Excess of Hatchways	

	No. of Tons	Cubic Metres.
Gross Tonnage	3963·37	11216·34
Deductions, as per contra	1506·65	4263·82
Register Tonnage	2456·72	6952·52

Deductions: On Account of space … On Account of sp… Apprentices, and … kept free from Goo… being the personal … These spaces are the … In Forecastle … (Number of seamen o… dation is certified) Deductions under Sect… Act, 1894, and Sect… Act, 1906, as follow…

NOTE.—1. The tonnage of the engine room spaces below the upper deck is 474·97 ton… in above the upper deck for propelling machinery and for light and air is 162·70

NOTE.—2. The undermentioned spaces above the upper deck are not included in the cubical …

Name of Master: J. Korhemaker — No Certifi…

Names, Residence, and Description of the Owners, and Number of Sixty-fourth Shares held by each …. viz.,

Eric Blechynden Moller of 12 the Bund, Shanghai, Shipow…

Sixty four (64) shares.

Dated 17th August, 1931 Shanghai.

NOTE.—Registrars in the Colonies are requested to distinguish the Managing Owner by pla…

C.' No. 345.

N.B.—To be sent in an envelope addressed to the Registrar-General of Shipping and Seamen

Instructions to Registrars of British Ships

3151 24968/973 5m 4/27 J.P.s816 Gp.190

Auszug aus dem englischen Schiffsregister vom 17. August 1931 in Schanghai, nach dem Erwerb des Schiffes von Seiten der Reederei Moller Line *und seiner Umbenennung: man erkennt die technischen Daten der* Rosalie Moller

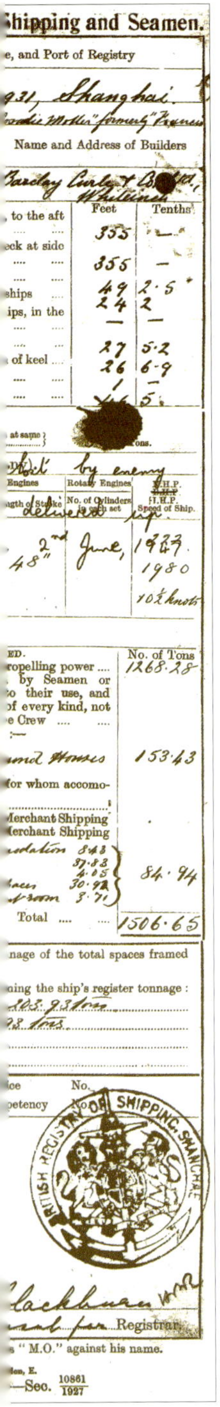
Shipping and Seamen.
e, and Port of Registry
931, Shanghai.
Name and Address of Builders
to the aft ... Feet 355 Tenths
eck at side ... 355
ships ... 49 2·5
ips, in the ... 24 2
of keel ... 27 5·2
26 6·9
at same
by enemy
Engines Rotary Engines
No. of Cylinders in each set
N.H.P. / B.H.P. / I.H.P. Speed of Ship.
48" 2nd June, 1923 1980 10½ knots
ED.
No. of Tons
ropelling power .... 1268·28
by Seamen or
to their use, and
of every kind, not
e Crew ....
and Horses 153·43
for whom accomo-
Merchant Shipping
Merchant Shipping
84·94
Total .... 1506·65
nage of the total spaces framed
ning the ship's register tonnage :
No.
BRITISH REGISTRY OF SHIPPING, SHANGHAI
Registrar.
"M.O." against his name.
—Sec. 10861 / 1927

Der Bug des Riesen

Die elegante Silhouette des Bugs des Schiffs, auf dem sich die Fahnenrahe erkennen lässt sowie eine der großen Spillen.

Das Wrack der Rosalie Moller

Die letzte Fahrt

Ein Heinkel He 111 *im Flug*

Auf dem Weg von Durban in Südafrika, wo sie am 11. September 1941 mit einer Ladung von 4.680t aufbrach, unterwegs nach Alexandria in Ägypten, passierte die *Rosalie Moller* unter dem Kommando des Kapitäns James Byrne problemlos die gesamte Ostküste Afrikas und nach einem Aufenthalt in Aden im südlichen Jemen durchfuhr sie die Meeresenge von Bab al-Mandab und überquerte das Rote Meer bis zur Straße von Gubal.

In der Nacht vom 7. Oktober lag die *Rosalie Moller* nord-östlich der Insel Gubal Saghir an einer Stelle vor Anker, die von Militärquellen als sicher beurteilt und auf die durch den Code *Safe Anchorage H* (Sicherer Ankerplatz H) hingewiesen worden war. Der Halt war nötig, da der Sueskanal noch immer von einem Schiff, das auf eine deutsche Mine aufgelaufen war, blockiert wurde. Am 8. Oktober 1941 um 0:45h wurde sie von zwei deutschen, dem *Kampfgeschwader KG 26* angehörigen Bombern Typ *Heinkel He 111* gesichtet, der gleichen Einheit mit Stützpunkt auf Kreta, deren Flieger zwei Tage zuvor die *Thistlegorm* versenkt hatten. Das Schiff wurde angegriffen und von zwei Bomben in der Nähe der Laderäume 4 und 5. getroffen. Sie verursachten ihr sofortiges Sinken um 1:45h. Die Besatzung, die aus 30 Seeleuten bestand konnte sich bis auf zwei Männer, die bei der Bombardierung starben, retten. Das Wrack blieb über ein halbes Jahrhundert ungestört und wurde erst 1993 wieder gefunden: sofort sprach man von einem "sister ship" (Schwesterschiff) der *Thistlegorm*, auch wenn sich in Wirklichkeit die beiden Schiffe strukturell deutlich voneinander unterscheiden. Die *Rosalie Moller* ist um 935t leichter und 18m kürzer und ihr Rumpf hat eine andere Bauweise, da sie dreißig Jahre früher entworfen wurde: das Heck ist gewundener und der Kiel ist geradliniger. Trotzdem gibt es auch einige Gemeinsamkeiten, was ihren Untergang betrifft: die Umstände des Angriffs, die Position, in der sie von den Bomben getroffen wurden, während sie steuerbordseitig vor Anker lagen sowie die hohe Geschwindigkeit, mit der sie in der Nacht sanken.

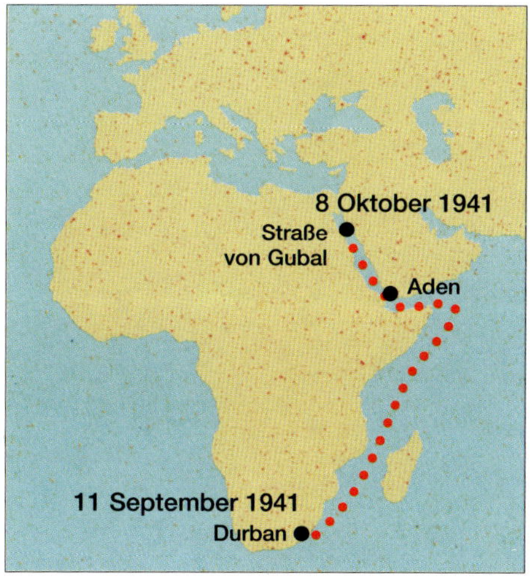

Die Route der Rosalie Moller

6th October	"NAIAD", "ERIDGE", "AVONVALE" Suez to Alexandria. At 0035 attack by 4 Enemy aircraft on Anchorage 'F' in Gulf of Suez. "THISTLEGORM" sunk. "SALAMANA" and "NORFOLD" slight damage.
7th October	Canal closed for 48 hours owing to explosion of mine at K. 18.0 by Hopper. (South of Shab Ali) Use of Anchorage 'F' discontinued, anchorage 'H' (Towila) used instead.
8th October	0045 and 0145 attack by 2 Enemy aircraft on anchorage 'H' in Gulf of Suez. "ROSALIE MOLLER" at 'H' bombed and sunk. H.E.M.S. "AIDA" damaged at Ras Charib by Enemy Aircraft which crashed.

Auszug aus dem Kriegstagebuch des britischen Admiralstabs in der Suesregion (Oktober 1941)

Besichtigung des Wracks

Die *Rosalie Moller*, die auf sandigem Grund in einer Tiefe von etwa 50m liegt, ist noch gänzlich aufgetakelt. Die Spitze des Hauptmastes befindet sich etwa 17m unter der Wasseroberfläche, die Schiffsschraube mit ihren vier Flügeln in 45m Tiefe. Bug und Heck sind noch vollkommen intakt und die Aufbauten sind gut erhalten. Der Tauchvorgang zur Besichtigung des Wracks ist auf Grund der schlechten Sicht, der ständigen Strömungen und der ausgesprochenen Tiefe, zu der man sich hinabkämpfen muß, besonders heikel. Das Schiff ist fast vollständig von einer dicken, schlammigen Schicht, die sich auf dem Rumpf abgesetzt hat, umhüllt, während sich in den Laderäumen die wenig interessante Kohlenfracht befindet. Der Maschinenraum dagegen, in einer Tiefe von 46m gelegen, ist noch fast intakt: es gibt dort eine Werkbank mit Schraubstock, Werkzeuge und sogar Ölkännchen, die sich noch an ihrem ursprünglichen Platz befinden. Seine Erkundung ist jedoch den Profitauchern vorbehalten denn sie überschreitet die Möglichkeiten eines Hobbytauchers. Sinnvoller ist es daher die weniger tiefen Stellen von etwa 30-35m unter der Wasseroberfläche zu erkunden: die Kommandobrücke und den Steg, auf dem sich der Schornstein befindet. Auf ihm, bestens sichtbar, das riesige M, dem

Luftaufnahme des nördlichen Bereichs der Insel von Gubal und des Bereichs, wo sich das Wrack der Rosalie Moller *befindet.*

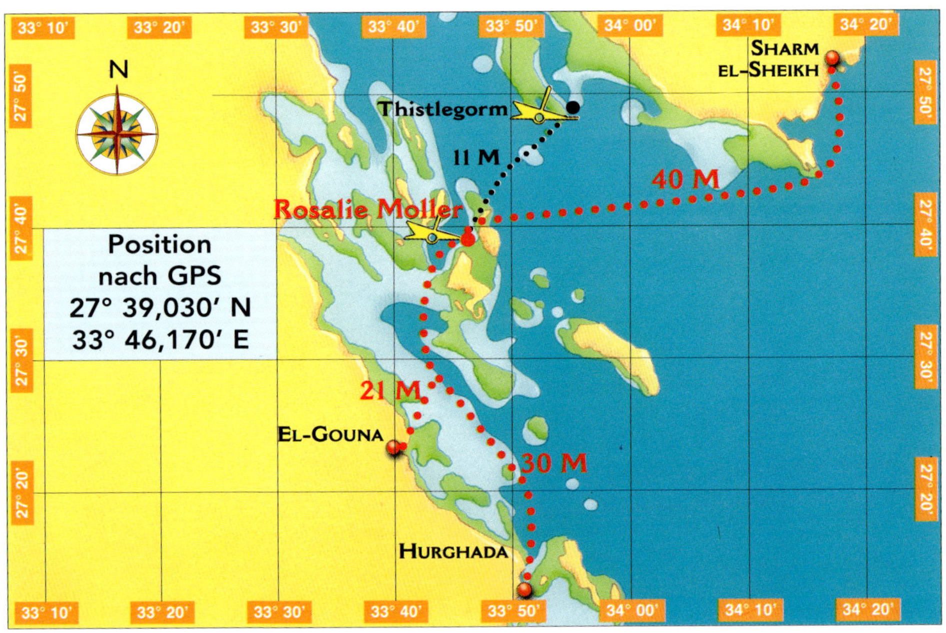

Erkundung des Wracks

Einige Taucher betrachten den mittleren Teil des Schiffes, das in aufrechter Position auf sandigem Boden in 50 Metern Tiefe liegt. Die Lage des Wracks, recht weit entfernt der touristischen Zentren und in relativ tiefen Wassern, hat zur Konservierung des Wracks beigetragen.

Das Wrack der Rosalie Moller

N
-17 m
Heckmast
Offizierskabinen,
Küche, Kombüse,
Krankenzimmer
Schornstein
M für *Moller*
Tank
Lüftungsvorrichtung
Poop
LADERAUM 5
LADERAUM 4
LADERAUM 3
Korridor
Innerer
Korridor
HECK
-45 m
Schiffsschraube
Einschlagsbereich
-48 m

Rosalie Moller

M

TECHNISCHE DATEN

Schiffstyp *Dampffrachtschiff*
Herkunftsland *England*
Reederei *Moller Line Ltd*
Werft *Barclay Curle &Co. Ltd*
Stapellauf *Januar 1910*
Länge *108,2m*
Wasserverdrängung *3.963t*
Ladeverdrängung *7.730t*
Leistung *1.980PS*
Höchstgeschwindigkeit *10,5 Knoten*

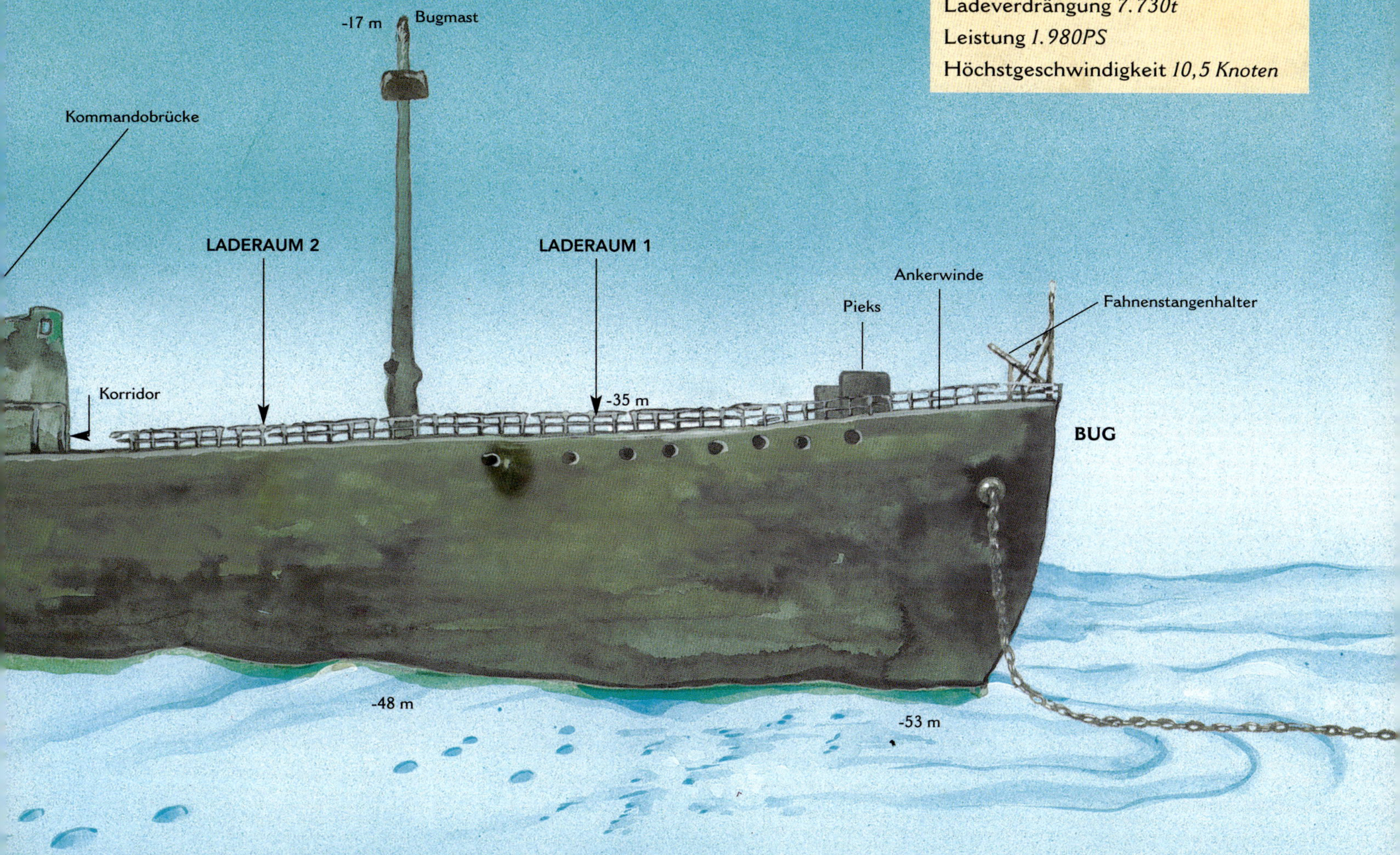

Belüftung

Küche

Bad - Seifenhalter

Bad - Wanne

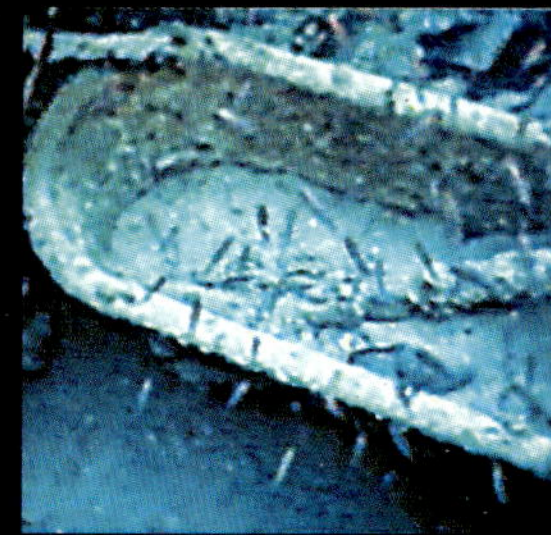

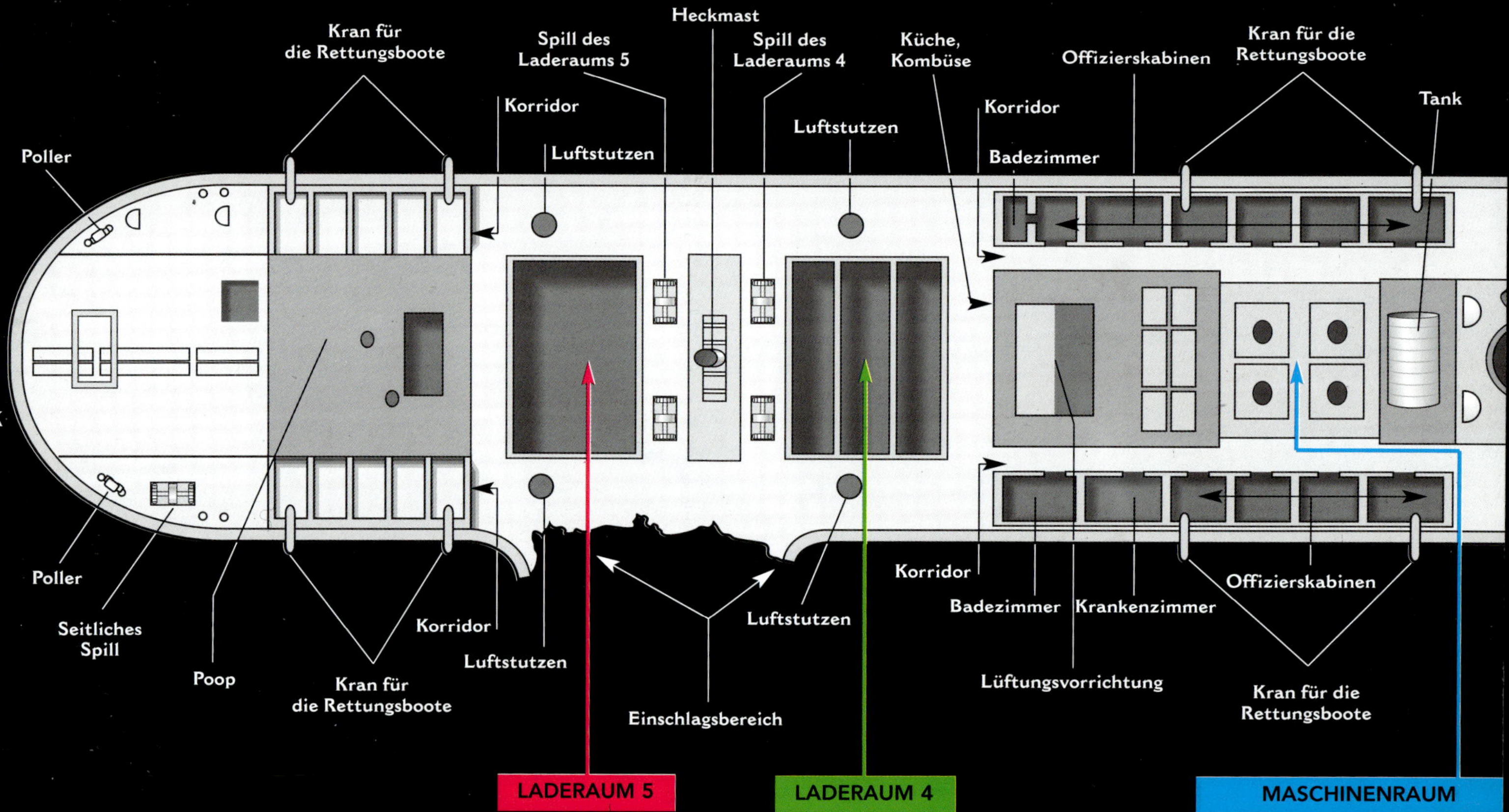

Die Heck

Einschlagsstelle der Bomben

Eingang zum Maschinenraum

Treppe zum Maschinenraum

auf dem Schornstein

Notanker

Ausgang

Das Bug

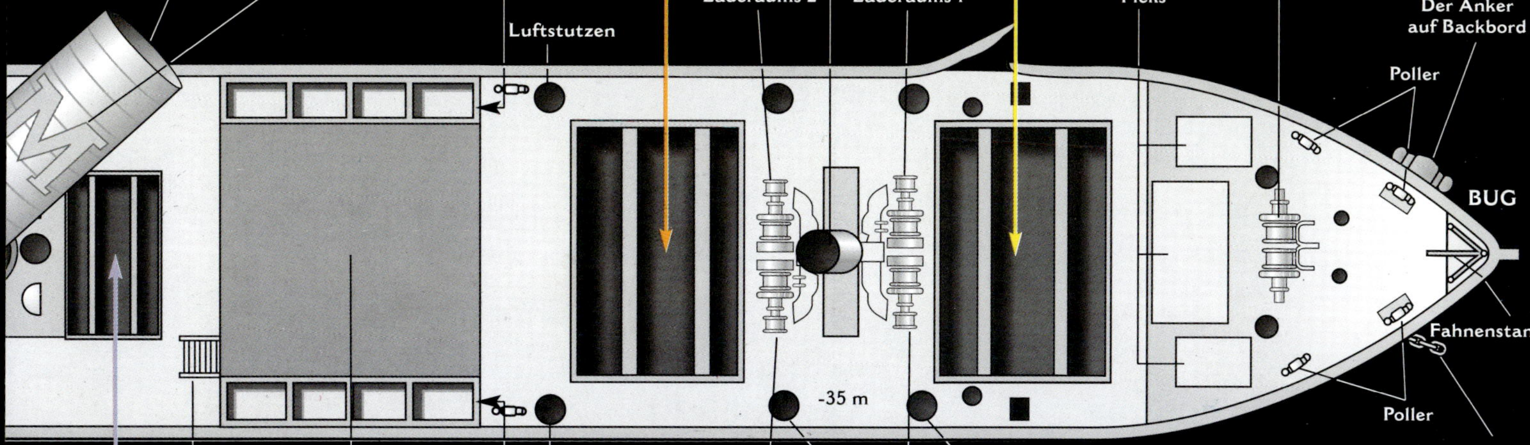

Schalttafel

Kommandobrücke

Bullauge der Offizierskabinen

Heckspill

Die beiden Bomben der Heinkel He 111 *trafen die* Rosalie Moller *auf der Höhe des Laderaums Nr. 4 und erzeugten eine weite Bruchstelle, die das Schiff schnell untergehen ließ*

Ein Taucher erkundet in einer Tiefe von 45 Metern die große Schiffsschraube, die ursprünglich vier Blätter aufzeigte. Das vierte Blatt ist heute verschwunden

←
Die beeindruckende Ankerwinde auf dem bugseitigen Aufbaudeck der Rosalie Moller

→
Auf der Höhe des Raumes, der eine kleine Werkstatt gewesen sein muss, erkennt man noch einen Schraubstock auf der Arbeitsbank, der trotz der Verkrustungen einwandfrei erkennbar ist

←
Auf der Backbordseite des Wracks erkennt man den Anker, der sich noch in seiner ursprünglichen Position befindet. Um die Ankerschlaufe herum kreuzt ein Großaugensoldat (Priacanthus hamrur)

←

Auf der Höhe des Oberdecks befanden sich auf beiden Seiten die Baderäume der Offiziere: in einer dieser Räume wurde die Wanne in gutem Zustand entdeckt, in der ein Schuh lag…

→

Erstaunliches findet der Taucher in der Kombüse des Schiffes, über der Kochplatte befindet sich sogar noch ein Kochtopf …

←

In den Laderäumen erkennt man noch die Schiffsfracht, die 4.680 Tonnen Kohle enthielt und die aufgrund der schlammigen Ablagerungen eine gelbliche Färbung angenommen hat

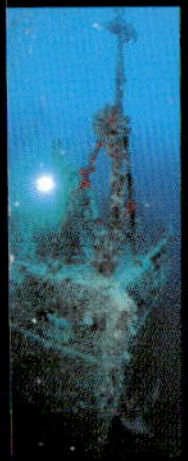

←

Am Brett in der Werkstatt des Maschinenraums sind noch die Ölkännchen aufgehängt

→

Der Maschinenraum liegt in einer Tiefe von 46 Metern und beherbergt den Dreizylinder Motor mit dreifacher Expansion, der durch zwei Heizkessel angetrieben wird. Die vorherrschende gelb-rote Farbe ist auf den Russ mit feinsten schlammigen Sedimenten zurückzuführen, die sich auf jegliche Struktur abgelagert hat. Rohrleitungen, Räderwerke, Schwungräder, Ventile: alles ist perfekt erhalten geblieben

←

Im Maschinenraum sieht man weiterhin das Funkgerät, der die Kapitänsbefehle zum Maschinenraum weitergab

EXPEDITION ZUM WRACK

Im Februar 2003 erforschte eine Expedition zum ersten Mal das Wrack systematisch und in seiner Ganzheit. Es entstanden zahlreiche Fotos und über 60 Stunden Filmmaterial. Hier ein Zitat der Eindrücke Stefano Zaffonatos, Mitglied und Kameramann der Expedition: "Die Erforschung des Wracks der Rosalie Moller *war ein fantastisches Erlebnis. Das als Schwesterschiff der* Thistlegorm *bekannte Relikt zu sehen und zu erforschen, mit Tauchgängen in Tiefen, die zwischen 35m und 52m unter dem Wasserspiegel lagen und unter Benutzung von Gasgemischen, die lange Tauchzeiten und einen hohen Sicherheitsstandard gewährleisteten, war nicht einfach, aber auch nicht unmöglich. Unsere Gruppe, die aus 15 Tauchexperten bestand, erreichte zuerst das Touristenzentrum El-Gouna, ca.*

Jeder Tauchgang wird mit gewissenhafter Sorgfalt vorbereitet

20km nördlich von Hurghada. Dort hat uns der TGI Diving *mit den nötigen technischen Mitteln ausgestattet. Man stellte uns ein 25m langes Schiff zum Transport der 80 Gasgemischflaschen zur Verfügung. Wir tauchten mit doppelten Gasflaschen (2x15l) gefüllt mit 26%-igem Nitrox, zu denen eine seitlich befestigte 10l-Gasflasche mit 50%-igem Nitrox zur Druckverminderung dazukam. Drei Gruppen zu je fünf Personen waren unter perfekten Sicherheitsvorkehrungen insgesamt 230 Stunden unter Wasser.*

Die Badewanne des Kapitäns, die Küche mit ihren Töpfen, die ursprünglich rosafarbenen Waschbecken auf dem Fußboden, den intakten Maschinenraum mit noch erhaltenen Glühbirnen und die Werkstatt mit all ihren Schraubschlüsseln sehen zu können, war ein Gefühl, das wir nie vergessen werden. Wenn wir dann noch die Sichtbedingungen und die reiche Fauna des Roten Meers in Betracht ziehen, bleibt nichts als Enthusiasmus."

Ein Expeditionsteilnehmer legt eine zum Aufstieg notwendige Ersatzgasflasche auf dem Bug der Rosalie Moller *ab*

Anfangsbuchstaben der Schiffsgesellschaft. Der Schornstein war bis zum Herbst 2000 perfekt erhalten, wurde aber von Booten, die Taucher an ihm festgebunden hatten, ausgerissen und liegt nun schräg auf der Brücke auf.

An der rechten Schiffswand, wenige Meter vom Heck entfernt, ist die von den Bomben verursachte Einschlagstelle gut zu sehen.

Die Fauna, die das Wrack bevölkert, besteht aus großen Barschen, wie dem Summana-Zackenbarsch (*Epinephelus summana*) und dem Gefleckten Riesenzackenbarsch (*Epinephelus tukula*), die sich vor allem in der Zone des Bugs aufhalten, während in Richtung Heck Rotfeuerfische (*Pterois miles*) und Großaugensoldate (*Priacanthus hamrur*) zu finden sind. Glasfische (*Parapriacanthus ransonneti*), Höhlen-Beilbauchfische (*Pempheris vanicolensis*), Buntbarsche (gen. *Chromis*) und große Stachelmakrelen sind auf dem ganzen Schiff zu finden.

Das Wrack der *Rosalie Moller* wird deutlich weniger als das der *Thistlegorm* besucht. Dies liegt sicherlich an seiner relativ großen Entfernung von den beiden Touristenzentren des nördlichen Roten Meeres, Sharm el-Sheikh und Hurghada, aber auch daran, daß seine Erkundung wegen der größeren Tiefe, in der es liegt, und der schwierigeren meteorologischen Bedingungen wie Wind, Wellen und Strömungen, die normalerweise in diesem Teil des Meeres präsent sind, komplizierter ist. Dadurch ist das Wrack noch ziemlich gut erhalten und seine Aufbauten sind weniger beschädigt, als die der *Thistlegorm*. Doch steigt die Zahl der Taucher, die sich diesem Tauchgang widmen, ständig und die Schäden, die der Schornstein kürzlich erlitten hat, sollten diejenigen, die es besuchen wollen zu großem Verantwortungsbewusstsein verleiten.

Der Schornstein der Rosalie Moller *mit dem Buchstaben M, die Initiale der Reederei, ist heute durch ein Tauchboot zerstört, das an diesem Schornstein festgemacht hatte*

*Einer der vielen Rotfeuerfische (*Pterois miles*), die um den Schiffsrumpf schwimmen*

Folgende Einrichtungen haben historische Aufnahmen, Schriftstücke, Daten und andere Informationen zur Verfügung gestellt:
Lloyds of London - London
Imperial War Museum - London
Museum in the Docklands - London
National Maritime Museum - London
Newcastle Discovery Museum - Newcastle upon Tyne
National Geographic Society - Washington
British Library - London

In wenigen Jahren verwandeln sich Wracks in Korallengärten

FOTOGRAFISCHE REFERENZEN

CLAUDIO BERTASINI: rückseite; S. 5; 14–15; 35 oben rechts; 38 oben rechts; 39 oben; 42 oben links; 52–53; 60. MANFRED BORTOLI: S. 2–3; 4; 11 oben und links; 25 rechts; 28 oben; 29 unten; 32–33; 35 oben links; 38 oben links und unten; 41 oben und Mitte; 42 oben rechts; 51; 54–55; 56 links; 61 oben links; 84. CLAUDIO CANGINI: S. 58; 59; 61oben rechts. FABIO CASAROTTI: S. 34 rechts; 40 oben; 41 unten; 42 unten; 48 unten. FRANCESCO CHEMELLO: S. 62–63; 82 unten. ARNAUD CHICUREL: S. 25 links; 57. FEDERICO FORLETTA: S. 35 unten. ALESSANDRO NORO: S. 82 oben. VINCENZO PAOLILLO: S. 8–9; 10; 11 unten; 29 oben; 29; 36–37; 40 unten; 49; 65; 72 oben links und unten links; 74. ROBERTO RINALDI: S. 1; 11 rechts; 24 unten; 28 unten; 30–31; 39 unten; 44–45; 68–69; 75; 76; 77; 78; 78–79; 80; 81; 83. ALBERTO SILIOTTI: S. 6–7; 24 oben; 61 unten rechts; 67. STEFANO ZAFFONATO: S. 72–73.

ZEICHNUNGEN

STEFANIA COSSU: S. 13; 19; 25; 26–27; 41; 46–47; 54–55; 66; 67; 70–71.
GIOVANNI PAULLI: Erste, zweite und dritte des Einbandes.
STEFANO TRAINITO: S. 32–33; 34; 35; 36; 43; 50; 72–73.

TAUCHER AUF ENTDECKUNGSREISE

Nach erfolgtem Abstieg entlang des Seils, das in diesem Falle auf der Höhe des Bugs festgemacht wurde, machen sich die Taucher daran, die Strukturen zu erkunden.

Das Wrack der Thistlegorm

Die Grossen Wracks im Roten Meer

Alberto Siliotti

SS Thistlegorm & Rosalie Moller

Geodia Edizioni

ÜBER DEM WRACK

Täglich machen Dutzende Boote an den Strukturen der *Thistlegorm* fest, was häufig zu schweren Beschädigungen des Wracks führt.

Sha'ab Ali

IN AUFRECHTER POSITION

Der intakte Bug des Wracks zeigt nach Norden, die Fahrtrichtung des Schiffes vor dem Versinken. Der bugseitige Anker befindet sich noch an seiner ursprünglichen Stelle.

Das Wrack der Thistlegorm

Der Bug des Wracks

Eine große Ankerwinde in gutem Zustand befindet sich in der Mitte des Bugs.